# 米中協調の
# 世界経済

中津孝司
＊
【編著】

梅津和郎
富山栄子
佐藤千景
＊
【著】

同文舘出版

【執筆分担】

中津　孝司　第1章，第8章，第9章

梅津　和郎　第2章，第3章，第5章，第6章

富山　栄子　第4章

佐藤　千景　第7章

# は じ め に

　妥協の産物なのか。あるいは，入念に練り上げられた国家戦略なのか。米国と中国が互いに接近しているかどうかを診断することは難しい。しかし，確実に断言できることは米国の国力が相対的に弱体化し，その一方で中国のそれが強化されつつあること。この意味で，日本をもはや，アジアの中心に位置づけることはできまい。周辺国に成り下がってしまったのか。

　米中協調が演出され，G2体制が構築されると世間が大騒ぎする瞬間はあった。だが，束の間の真夏の夜の夢だったのか。今では4つのT，すなわちtrade（通商），Taiwan（台湾），technology（技術，グーグル問題），Tibet（チベット）が米中関係に暗い影を落としている。ワシントンには人民元切り上げの圧力を弱める気配すらない。中国を通貨操作国に指定する動きさえある。
2010年秋に予定される中間選挙をひかえて，米国内世論に配慮せざるを得ないからだろう。米国市場で溢れかえる中国製の財・サービスが米国市民の雇用を圧迫していると思い込まれている以上，致し方のないワシントンからの銃弾なのかもしれない。

　とはいえ，北京は米国債を人一倍保有し，米国財政や米ドルを支えている。米国企業にとって中国は工場であり，市場であり，頭脳でもある。機密情報が漏洩するリスクは否定できないものの，米国系企業が中国企業を技術的に支援するケースは稀でない。産官学のそれぞれのレベルで米中間の活発な交流を散見できる。要するに，現在の米国は中国に支えられてはじめて，世界の王者として君臨できるに過ぎない。この関係が深化されてきている。

　翻って，日米関係。日本国の現役首相やそのブレーンは対等な日米関係

を築けと喝破する。戯言か。日本と米国とが現時点で対等な関係を構築できるはずがない。米国の核兵器が日本を防御，かつ近隣諸国からの攻撃を抑止する効果を発揮している。しかし，日本が米国を防衛することは不可能。対等な関係など築けるはずもない。

　日本が自立自強の精神で効率的な軍事力を保持し，自国を自ら独自の努力で防衛できる日が到来しないと日本は何時までも米国の植民地，あるいは属国的な地位に甘んじざるを得ない。エネルギー安全保障，食糧安全保障すら実現できない現時点で対等な日米関係など夢物語。子供でも理解できる。

　本書は米中関係から世界情勢を読み解くことを主眼として執筆された。この目的が達成できたか否かは読者諸氏から寄せられる厳しい御批判から判断したい。本書は大阪外国語大学名誉教授の梅津和郎先生が企画なさった結晶体である。この場をお借りして梅津先生に厚く御礼申し上げたい。もちろん，最終的な責任は編者・中津にある。

　最後に恐縮だが，今回もまた同文舘出版に大変お世話になった。同社社長をはじめ，スタッフの皆様に心から感謝申し上げる。

平成22年如月

執筆者を代表して

中津　孝司

## 米中協調の世界経済◆目次

はじめに

## 第1章　米中協調は世界にどのような影響を及ぼすか

1　米中協調は本物か …… 2
2　中国経済は世界の救世主となれるのか …… 6
3　やはり中国は東アジア覇権を目指すのか …… 16
4　イラン問題解決に米中協調は役立つか …… 19
5　米中協調が米国経済復活に昇華するか …… 24

## 第2章　米中協調は朝鮮半島にも投影されるか

1　問題の発端 …… 30
2　北極圏大航路とロシアの利害 …… 31
3　米国・カナダ両国の安全保障 …… 31
4　韓国の反発 …… 32
5　北朝鮮の核をどうする …… 33
6　米中協調と北朝鮮の位置 …… 35
7　クリントン訪朝と日本の立場 …… 37

## 第3章　米中協調は台湾経済にどのような影響を及ぼすか

1 台湾経済の香港化危険 …… 46
2 民進党施政の光と影 …… 48
3 米中協調下での台湾の出口 …… 51
4 現状維持の時間競争 …… 52
5 米中協調と台湾の将来 …… 54

## 第4章　ロシア経済は復活するか

1 ロシア経済と金融危機 …… 58
2 ロシアをはじめとするBRIC諸国と日本の名目GDP …… 59
3 ロシアの経済構造 …… 61
4 ロシア経済の特質 ―問題点― …… 63
5 アジアへ向かうロシアのエネルギー戦略 …… 68
6 ロシア経済発展の鍵 …… 73
7 むすび …… 75

## 第5章 米印パートナーシップは機能するか

1 インドの民主主義 …… 80
2 米印関係の変化 …… 80
3 石油・天然ガス確保を目指す戦略 …… 82
4 インドの新しい国際関係 …… 84

## 第6章 インド経済の影響力は強まるか

1 総選挙の結果 …… 88
2 インド経済改革の方向 …… 91
3 南アジアにおける位置 …… 93
4 対中国関係 …… 94

## 第7章 イスラエル・イラン戦争は勃発するか

1 直面する課題 …… 100
2 国内事情 …… 107
3 和平をめぐる問題 …… 114

## 第8章　出遅れた欧州経済の回復は持続可能な成長に転じるか

1　欧州連合（EU）の統合深化はどこまで続くか …… 124
2　なぜ，ユーロ高が続いたのか …… 129
3　金融の火薬庫はどこか …… 136
4　欧州経済は中・東欧に翻弄される …… 145

## 第9章　日本が進むべき道とは

1　日本はアジアに埋没してよいのか …… 150
2　欠落する日本政財界の国際感覚 …… 152
3　日本がなすべき国家的課題 …… 153

# 第1章

## 米中協調は世界にどのような影響を及ぼすか

# 1. 米中協調は本物か

　建国60周年を迎えた中国といわゆるリーマン・ショックの後遺症に悩まされる米国。この2つの大国が急速に接近していると大騒ぎする論調が目立つようになった。ここからG2（group of 2）なる概念が一人歩きしている。本当に両国が二人三脚で世界に影響力を行使する時代が到来するのであろうか。21世紀は米中協調が支配する世界となるのであろうか。冷静に検討する必要がありそうである。

　オバマ米大統領には経済と外交の課題が山積している。米国経済を巡航速度で運営できる日が訪れるまで緊張の糸を緩めることはできない。と同時に，アフガニスタン社会やイラクの治安安定，イランや北朝鮮の核開発問題—どの課題も一朝一夕に解決できない。また，米国単独で乗り切れる問題は一つもない。

　オバマ大統領が従来の単独主義を放棄したと評価する声があるが，現状に追随しただけに過ぎない。米国が決定し，かつ実践することは米国内の経済再建でさえ不可能である。いずれも世界全体と密接に結びついている。オバマ大統領は米国のおかれた客観的状況を的確に把握はしている。この点で前任者よりも格段に優れている。緻密な計算に基づいた世界各国との連携と絶妙な決断力が米国外交に結実しているといえよう。

　本心から核兵器のない世界を実現できると考えているかどうかは別として，その目標を打ち立て，その目標に世界全体に眼を向けさせる戦略は正しいかもしれない。オバマ大統領が米国の現職大統領として広島と長崎で謝罪できるか否か。一つのリトマス試験紙となるであろう。

　ただし，世界情勢は刻一刻と変化する。この変化に対応することを念頭に置いているか。世界金融危機克服という世界共通目標が達成されたとき，次の共通目標を設定できるか。核兵器のない世界やゼロ炭素社会の実

現という目標は最終目標であろう。ここに至る直近の目標を世界全体で検討する必要があろう。この意味でオバマ大統領が叫ぶ核兵器のない世界とは核兵器が国際社会によって厳密に管理・監視される体制が確立された世界に他ならない。

　2009年秋は世界の首脳が外交に明け暮れた季節であった。同年9月，米中首脳会談が行われ，オバマ大統領と胡錦濤国家主席がニューヨークで再会した。長年，米国が垂れ流してきたいわゆる双子の赤字（財政赤字と経常赤字）を世界各国から流れ込むマネーがファイナンスした。中国マネーも多大な役割を果たしてきた。貿易で自国に流入する米ドルを人民元売り米ドル買い介入で吸収し，米国債購入によって米国へ還流させた。中国の外貨準備金は2兆ドルを突破し，8,000億ドル相当の米国債を保有する国内総生産（GDP）4兆ドルという世界第3位の経済大国にのし上がった（図表1-1）。両国経済は相互依存によって成り立つ構造となった。この意味では米国協調の意義は大きい（図表1-2）。

　全体としてアジア諸国では貯蓄率が高い。中国も例外でない。輸出主導ではなく内需拡大（輸入増大）による成長が叫ばれるゆえんである。内需拡大が過剰貯蓄を解消するとともに企業業績を支え，それが雇用創出の源

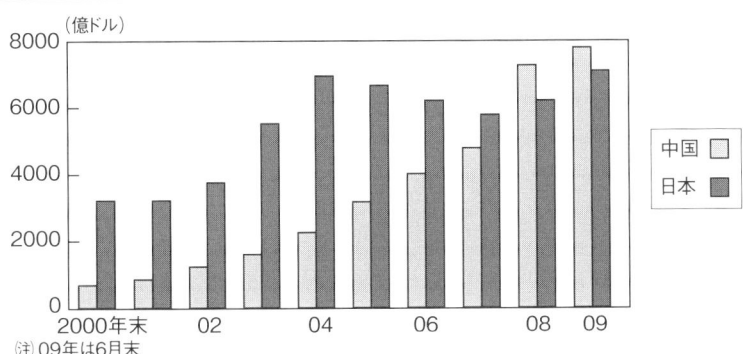

図表1-1　日本と中国の米国債保有額の推移

(注) 09年は6月末
出所)『日本経済新聞』2009年9月11日。

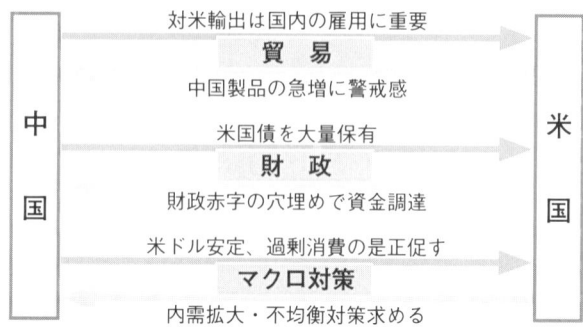

出所)『日本経済新聞』2009年9月24日。

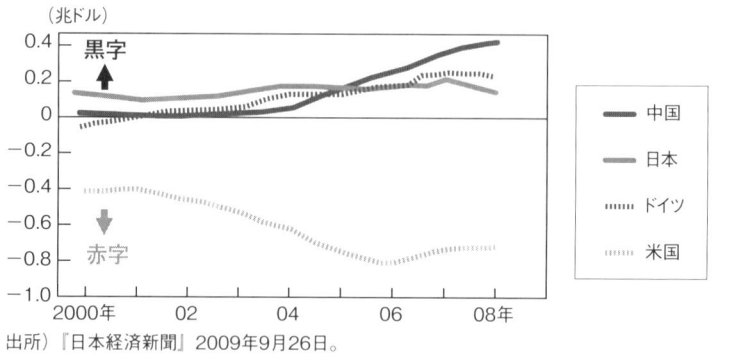

出所)『日本経済新聞』2009年9月26日。

泉となる。米国の経済体質は中国の逆である。所得以上の過剰消費が継続されてきた。すなわち全米総借金的な様相を呈していた。米国の対中貿易赤字は2,663億ドル,対日貿易赤字は726億ドルに上る[1]。

　米国も中国も本質的には不均衡な経済体質を抱え込んでいる（**図表1-3**）。これが是正される,つまり世界最大の市場である中国が消費（輸入）を増やして過剰貯蓄を解消し,かつ米国民が貯蓄に励んで過剰消費（輸入）を改めれば,不均衡状態が解除される。経常収支の均衡が図られるという算段である。しかし,実現に至るかどうかははなはだ疑わしい。

問題はその不均衡是正が雇用の創出に結実するかにある。米国側は中国が対米輸出で雇用を維持していると思い込んでいる。中国製品の輸入急増が米国内の失業率を高めたという被害意識をもっている。ゆえに，中国製タイヤに対する特別セーフガード（緊急輸入制限）を実施することが決定された[2]。かつて日本製品にも同様の措置が講じられた。米国の発想にいささかの変化もない。

　ニューヨークで米中蜜月を演出した両首脳であったが，Ｇ２体制構築の目的が米中それぞれで異なっているように思われてならない。確かに2009年４月の首脳会談で米中戦略・経済対話を創設することが合意された。実際，そのわずか３カ月後の７月末にワシントンで実施されている[3]。しかしながら，ワシントンはあくまでも世界の舞台で主役の座を死守しようとする野心を捨てはしないであろう。そのために北京が米国に協力すべきであると考えていても決して不思議でない。

　Ｇ２体制は世界で台頭する欧州やロシア，それにインドやブラジルを牽制できるが，北京は満足しないであろう。また，非民主国家である中国との協力体制に綻びが生じるかもしれない。日本の民主党主導による中道左派政権誕生が北京を刺激し，東アジアを重視する姿勢に中国側がシフトする可能性もある。東アジア全体で対米外交戦略を練る体制の構築を目指そうとするかもしれない。少なくとも北京は民主党主導政権が接近することを期待している様子である。Ｇ２体制から東アジア共同体重視への方針転換である。

　北朝鮮問題の解決に中国の協力が必要であることはホワイトハウスも理解するところである。世界的な核軍縮の潮流があるとはいえ，北朝鮮問題を短期間で解決するのは困難である。イランの核開発問題とリンクしていることは間違いがないが，イラン問題が北朝鮮に飛び火するのではなく，事実はその逆である。６カ国協議参加国の思惑に差が目立つ。加えて，イラン問題ではロシアの協力が不可欠である。米露両国の協調関係も問われ

る。単純にロシアを牽制できない。G2体制構築にはかなりの時間とコストを伴うことは必定である。

## 2. 中国経済は世界の救世主となれるのか

　恐慌前夜の世界を未然に防いだのが北京の財政出動宣言であった。2年間で4兆人民元（5,850億ドル、52兆円）に上る景気対策を打ち出した。加えて、国営系主要金融機関による新規融資額は2009年上半期に7兆3,700億元（100兆円）に達する。新規銀行融資額は中国GDP半年分の45％に相当し、第2次世界大戦後では世界最大規模に匹敵する[4]。この未曾有の大量マネーが中国経済成長の牽引役を果たした。結果、2009年上半期の経済成長率は7.1％増（第1四半期6.1％増、第2四半期7.9％増）を記録した。中国当局が目標とする年率8％成長まであと一歩の水準に回復した（図表1-4、1-5、1-6）。

　一見、中国経済が成長軌道に乗り、世界経済全体を牽引している印象を受ける。事実、世界各国の対中輸出や中国関連事業が息を吹き返す効果を生んだ。しかし、手放しで喜べない事情が横たわっている。この大量マネ

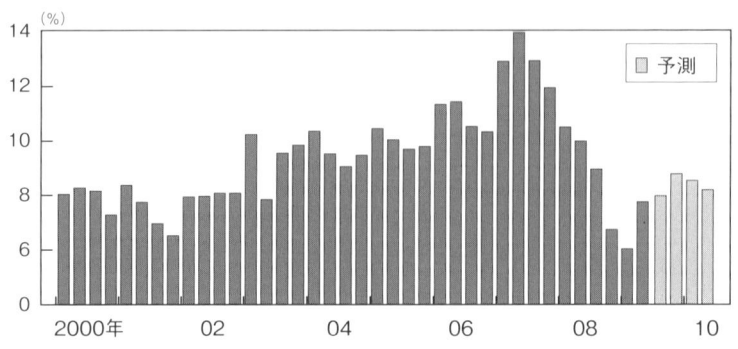

図表1-4　中国実質国内総生産（GDP）成長率（年率％）

出所）*Financial Times*, August 25, 2009.

図表1-5　中国GDPの中味（単位：1兆人民元）

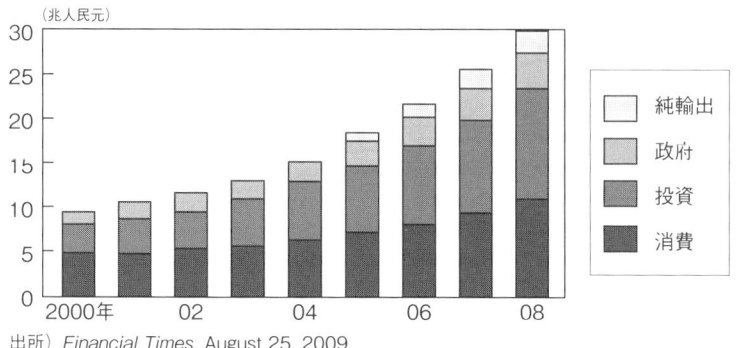

出所）*Financial Times*, August 25, 2009.

図表1-6　中国の銀行融資額増減率（年率％）

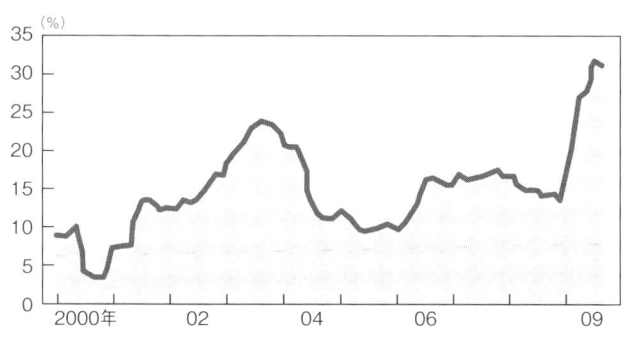

出所）*Financial Times*, August 25, 2009.

ーは一体どこへ流れ込んだのか。新規融資分のうち20％が株式市場に流入したという見方がある。このマネーが株価乱高下の原因となった。また、その30％が不動産や金融資産に流れたという。事実、2009年1月-8月期の不動産開発投資額はリーマン・ショック以前である対前年同期比で14.7％となった[5]。不動産バブル崩壊、すなわち不動産価格の暴落が懸念される（図表1-7）。加えて、チャイナマネーは香港や台湾にも流出したようである。

それでも、政府の経済対策資金と新規融資の大半は公共事業の担い手と

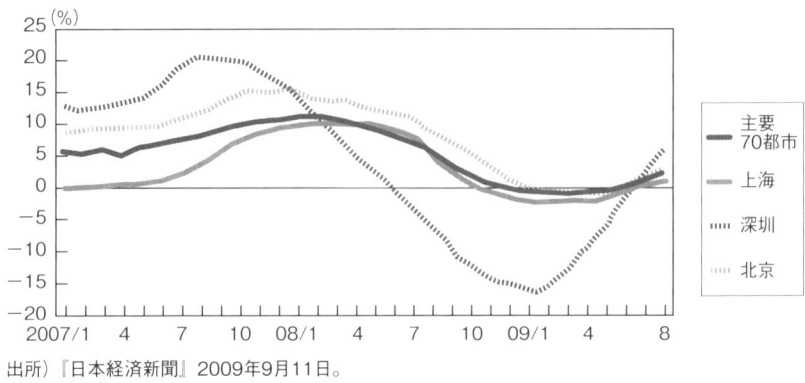

**図表1-7** 中国の不動産販売価格の騰落率（前年同月比）

出所）『日本経済新聞』2009年9月11日。

なる大規模国営企業に向かった。鉄道，道路，空港の整備といった公共事業への投資で鉄鋼やコンクリートなどの素材関連の需要は激増する。しかしながら，残念なことに，新規の雇用を創出する効果をあまり発揮しない。あわせて，貿易活性化を誘発しない。公共投資主導による経済政策では輸出も輸入も減少する事態となり，やがては過剰な生産能力を抱え込むこととなる。ここにケインズ型手法の限界が潜んでいる。

中国当局は現在，総延長8万キロメートルの鉄道網を3年間で10万キロメートル（米国では現在，22万6,000キロメートル）に，高速道路網を現行の6万キロメートルを12万キロメートル（同7万5,000キロメートル）にそれぞれ拡張する計画を立てている。鉄道網の拡張は必須としても，乗用車数3,800万台の中国に2億3,000万台の乗用車が走る米国の水準を超える高速道路網が必要であろうか。その相乗効果は期待できない。

ケインズ派か新古典派かという経済学派による論争をここで蒸し返す意図はない。また，独断と偏見でもない。中国の近未来を楽観視しない見解は複数存在する。たとえば，英経済紙『フィナンシャル・タイムズ』は2009年10月1日の特別号で分離独立派を抱える中国の現状を悲観する，つまり共産党による一党独裁の限界を指摘すると同時に，2009年1月-8月

期に銀行融資が164％も増加したという具体的数値を挙げつつ，持続的な経済回復に疑問を投げ掛けている。あわせて，経済活動への政府介入に警鐘を鳴らした。

　国営企業は激減しているものの（1998年の6万社超から2008年には2万社程度），中国当局が国営企業を特別扱いしていることは最早自明である。これはリーマン・ショック打開を口実とする国営企業の独占や特権階級が温存される結果を招くだけではないのか。民間企業に対する政府介入と同様ではないのか。むしろ都市労働者の75％を吸収する中小企業を支援する方向が正しい方策ではないのか。回収不能な不良債権が山積みされる結末を迎えるのではないのか。結果として，中小企業が切り捨てられるのではないのか。懸念材料が散見される。沿岸部と内陸部の生活水準格差（上海の国民1人当たりGDPは7万元，チベットのそれは1万4,000元）だけでなく，大企業と中小企業に対する政策の差別も是正される必要がある。

　にもかかわらず，国営系大企業が市場を争奪する実態が浮き彫りされている。たとえば，給油所事業展開。中国には大手石油企業が3社ある。3社すべてが国営系企業である。その3社とは中国石油天然ガス（CNPC），中国石油化工（シノペック），中国海洋石油（CNOOC）。元来，この3社間で役割が分担され（CNPCが上流部門，シノペックが下流部門，CNOOCが海底油田・天然ガス田開発），互いの競争を回避する構造となっていた。

　ところが，各社が効率経営を追求した結果，垣根を越える事業に参入するようになった。いわゆる川下分野ではシノペックが製油所を保有すると同時に，給油所事業も展開してきた。中国全土で展開される給油所数は9万軒，そのうちシノペックが運営する給油所は2万9,000軒で3割のシェアを誇る。一方，CNPCが経営する給油所は1万7,500軒，そのシェアは2割である。ここにCNOOCも本格参入する構えでいる。今後2年以内に50億元を投じて給油所を1,000軒にまで増やし，ガソリン販売に本格的に乗

り出す姿勢を鮮明にした⁽⁶⁾。中小民間系や外資系の給油所が圧迫される結果を招くかもしれない。

　中国系中小企業は企業総数で99％を占有し，GDP全体の60％を創出する。法人税の半分は中小企業による納税である。中小企業の収益が改善しなければ，個人消費が本格回復しないのは当然であろう。遅ればせながら，2009年8月下旬に開かれた全国人民代表大会（国会）で国家発展改革委員会が中小企業への支援を呼びかけた。その具体策は中小企業向け銀行融資の促進，地方政府による銀行への補助金支給，中国版ナスダックの育成である⁽⁷⁾。中小企業が軽視されていることは明らかである。不良債権を抱え込むことになる金融機関には新規融資の余裕がない。

　中小企業の発展は絶望的となる。もって世界の期待とは裏腹に，大規模国営企業が君臨する時代が継続し，共産党一党独裁を支える存在であり続ける。英『フィナンシャル・タイムズ』（2009年10月1日）が指摘するとおり，中国共産党による60年間の支配はまさしく人治であり，法治国家ではなかった。つまり1人の独裁者，あるいはカリスマが共産党の頂点に立ち，上意下達による共産党支配が徹底された。これが共産党一党独裁の実態である。

　リーマン・ショック勃発の直前に無事，北京オリンピックを乗り切った中国が2009年10月1日，国家的節目となる建国60周年の国慶節（建国記念日）を迎えた。次の大事業は上海万博である。現段階で米国と軍事的に対立する意思も能力もない中国であるが，米国に対抗する，あるいは対抗できる姿をみせて，自国の存在感を国内外にアピールしたい。軍事費が増大するのはこのためである⁽⁸⁾。（**図表1-8**）。建国60周年の記念式典は首都・北京の中心部にある天安門広場で盛大にとり行われたが，メインイベントは天安門広場とその前にある目抜き通りの長安街で実施された軍事パレードであった。2002年の胡政権発足後初の軍事パレードでは最新鋭兵器が登場した。狙いはもちろん，中国共産党の統治力を内外に誇示することにあ

### 図表1-8　増大する中国の軍事

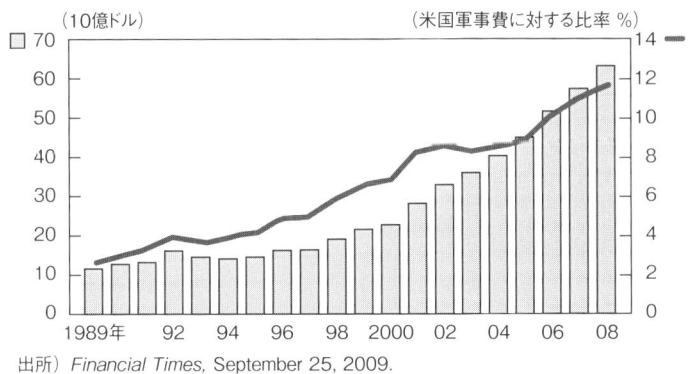

出所) *Financial Times*, September 25, 2009.

る。

　軍事パレードで初公開された主な装備は米国東海岸まで射程に入れた（射程1万キロメートル）大陸間弾道ミサイル（ICBM），ロシアのスホイ27をモデルに国産化され，性能が米国のF16戦闘機に匹敵する戦闘攻撃機，イスラエルの技術を駆使した空中指令所と呼ばれる早期警戒管制機である[9]。軍事技術と移動性を高めることによって装備の近代化を推進したことを印象づけた。無論，対テロ戦争にも対応できることもアピールしている。

　このような軍事力強化の背景には経済力の裏づけがある。中国経済の向上を示す指標には事欠かない。GDPは1980年の3,093億ドルから2008年には4兆4,016億ドルまで伸び，28年間で14倍の規模となった。国民1人当たりGDPは1952年の119元から2008年には2万2,698元となった。外貨準備金は1952年の1億3,000万ドルから2009年6月末には2兆1,316億ドルまで積み増した。対米貿易黒字は1988年の34億ドルから2008年には2,680億ドル，すなわち78倍に膨張した。1979年から2008年の年間平均経済成長率は9.8％を記録，貿易取引額は1978年の世界第29位から現在では世界第3位にまで上りつめ，世界全体の8％を占めるに至っている。中国脅威論が展

**図表1-9** 世界の石油関連企業の株式時価総額

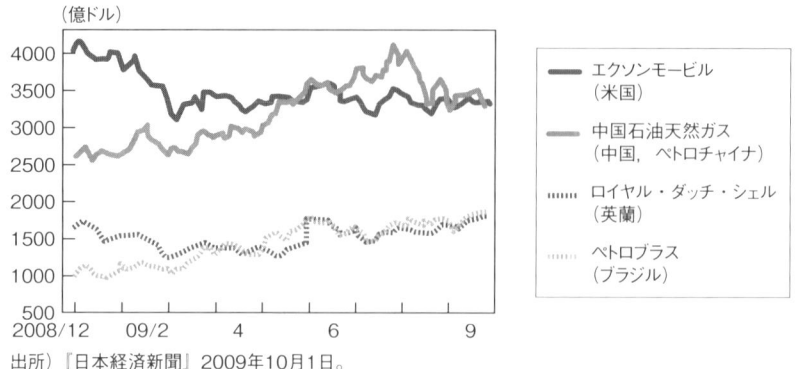

出所)『日本経済新聞』2009年10月1日。

開される反面,アジアでは分業体制が確立され,その利益が米国に移転されてきた。

　経済の成長とともに激増したのがエネルギー消費。10％成長を維持するには世界で生産される資源エネルギーの30％が必要になるとの試算もある。石油消費量は2008年には3億8,900万トン,1988年比で3.5倍に増えた[10]。1993年には石油の純輸入国に転落した。現在,中国の石油生産量は1億8,900万トンに留まっているので,2億トンの石油を輸入している勘定になる。

　石油の対外依存度は51％で中国系国営石油企業が外国に進出せざるを得なくなっている。CNPCの子会社であるペトロチャイナは油田権益を取得するために,中国開発銀行から5年間で300億ドルの融資を要請した[11]。**図表1-9**から一目瞭然のように,ペトロチャイナの株式時価総額は米系国際石油資本(メジャー)のエクソンモービルと肩を並べる水準で推移している。ペトロチャイナやブラジルのペトロブラスの株式時価総額が躍進する一方,欧米メジャーが低迷し,世界石油業界の勢力図に変化が生じている。

　中国系石油企業が世界の産油国に上陸している事実はすでに周知のこと

であろう。シノペックはカナダのアダックス（ナイジェリア，ガボン，イラクに進出）を2009年8月に72億ドルで買収する一方，CNOOCは米石油企業マラソンオイルが南西アフリカのアンゴラで保有していたブロック32の油田権益20％を13億ドルで購入している[12]。この結果，ブロック32の権益構造はCNOOC20％，マラソンオイル10％，仏トタル30％，アンゴラ国営石油会社ソナンゴル20％，エッソ・アンゴラ15％，ポルトガル・ペトロガル5％となった。

シノペックは三菱レイヨンを買収する三菱ケミカルホールディングスや三井化学と事業提携を結んでいる[13]。三井化学とは合弁で自動車や家電製品向けの高機能素材の生産（樹脂原料，合成ゴム原料）に着手している。シノペックの原料調達力と三井化学の技術を組み合わせた相乗効果を期待できる。

CNOOCがアフリカ屈指の産油国ナイジェリアの油田権益を22億6,800万ドルで取得したのが2006年1月9日。これによってCNOOCは日量7万8,000バレルの原油を確保した。このCNOOCが新たにナイジェリアの巨大油田（原油埋蔵量60億バレル，ナイジェリア全体の6分の1に匹敵）開発に参画する計画でいる。英蘭系ロイヤル・ダッチ・シェル，米シェブロン，仏トタル，米エクソンモービルとともに応札する予定なのである。中国系企業はこれまでに水力発電所，鉄道，製油所をナイジェリアで建設してきた。現在，ナイジェリアには2万人の中国系が居住する[14]。

インフラストラクチャー（社会的基礎部門）の整備と油田開発への参入を交換条件とするのは北京が使う常套手段である。アンゴラには134億～197億ドルの融資を注ぎ込んだとされる。ただ，ナイジェリアでは中国が締結した首都ラゴス-カノ間を結ぶ鉄道の建設契約が白紙撤回されたという[15]。それでも，中国系企業がアフリカで所有する油田権益はすでに47億バレルに達する。中国系企業が世界の資源大国に参入し，エネルギー資源獲得に奔走している。中国系企業の事業グローバル化を先導していると

いえよう。

　中国系企業の外国進出はエネルギー資源分野のみに留まらない。中国アルミは中国五鉱集団がオーストラリアのOZミネラルを13億8,600万ドルで買収した。2009年6月のことである。また，中国家電量販大手の蘇寧電器集団は日本の家電量販店ラオックスの筆頭株主となった。加えて，レノボ・グループを所有する中国IT（情報技術）最大手・聯想控股傘下の神州数碼控股（デジタル・チャイナ）が日本のシステム開発会社SJIを傘下に収めることになった。SJIが日本の有力IT企業から製品を調達して，中国・南京（江蘇省）の拠点で中国向けに仕様を変更し，神州に提供するという[16]。

　米国のビッグスリーと賞賛されたゼネラル・モーターズ（GM），クライスラー，フォード・モーターズの凋落に伴い，新興国の現地自動車企業が頭角を現してきた。その代表的存在はインドのタタ自動車であろう。世界の自動車業界再編の主役として新興国・自動車企業が表舞台に躍り出てきた格好である。ここには中国系の自動車企業も食い込んでいる。倒産したGM傘下の大型車ブランド・ハマー買収で最終合意した企業は中国重機中堅の四川騰中重工機械であった。2009年10月には民営自動車大手の吉利汽車を傘下にもつ浙江吉利控股集団がフォード傘下の高級車ブランド・ボルボ買収で優先交渉権を得ている。

　中国系製造業界企業は近接する東南アジア諸国連合（ASEAN）にも進出する（**図表1-10**）。2007年の中国系企業による外国直接投資（FDI）に占めるアジア・大洋州の比率は65％に達する。中国系企業によるFDIは2007年から2008年にかけて2.1倍の559億1,000万ドルに激増した（**図表1-11**）。中国では所得が向上した結果，人件費も上昇の一途をたどっている。そうなると，たとえば国民1人当たりGDPが1,000ドル程度のベトナムは中国系企業からみても魅力的である[17]。**図表1-12**が示すとおり，ニューデリー，ジャカルタ，コロンボ，ダッカの工場従業員の月給は広州よ

### 図表1-10　ASEANへの中国と日米の外国直接投資額（純流入額）

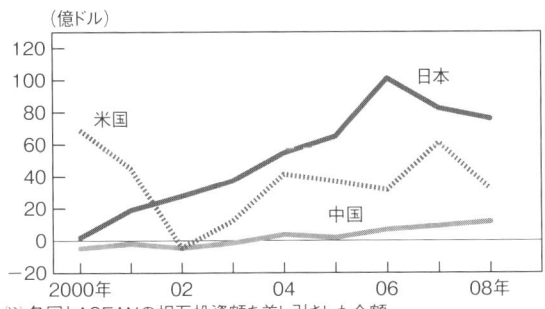

(注) 各国とASEANの相互投資額を差し引きした金額
出所)『日本経済新聞』2009年9月28日。

### 図表1-11　中国の外国直接投資（FDI）

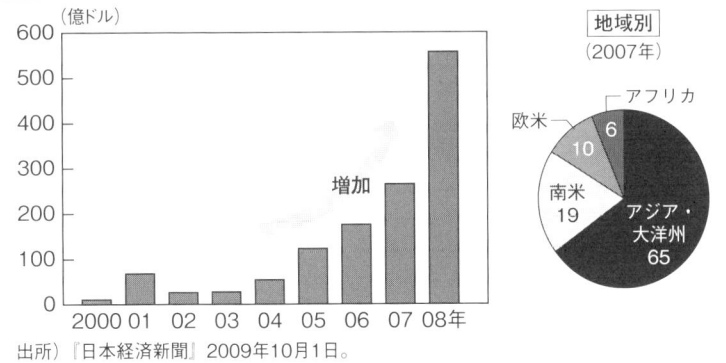

出所)『日本経済新聞』2009年10月1日。

りも低い。

　中国経済の回復が世界経済，ことにアジア経済に良き影響を及ぼしていることは事実である。2009年第3四半期の経済成長率は8.9％に上昇した[18]。しかし，政府投資，すなわち公共投資が下支えする構図にいささかの変化もない。持続的成長を今後も実現できるかどうかは予断を許さない。極度に悲観する必要はないかもしれない。それでも，用心するに越したことはないであろう。日本経済が中国頼みの体質から脱却する，体質改善する絶好の機会であると捉えれば，アジアには投資に適した国家群があ

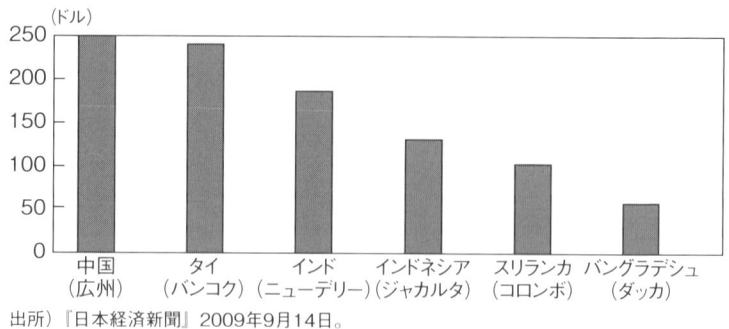

**図表1-12** 一般工場労働者の月給のアジア比較

出所)『日本経済新聞』2009年9月14日。

ることに気づくだろう。

# 3. やはり中国は東アジア覇権を目指すのか

　ホワイトハウス外交の最重要対象国はアフガニスタン，イラン，イラクの3カ国である。

　アフガニスタンにはなお，6万2,000人（2009年10月末現在，2009年末では6万8,000人）の米兵が駐留する[19]。アフガニスタン軍は9万1,000人（2009年8月9日現在）であるから相当な規模である。それでも，情勢が悪化しているアフガニスタンに4万人という大幅な追加増派を米派遣軍マクリスタル司令官が要請していた。2009年内に技術，医療，情報分析といった非戦闘部門の専門家1万3,000人も別枠で派遣される[20]。2009年度には100億ドルが米国から投じられる。

　最高司令官であるオバマ大統領は何故，現場を直視しないのであろうか。米国内政，ひいては国内世論に影響されているのか。マクリスタル司令官はエリート軍人，いわば戦争のプロフェッショナルである。そのプロの訴えを却下して（3万人の追加増派で決着）ホワイトハウス内部，机上の論理を押しつけるつもりなのであろうか。経営破綻したGMの欧州子会

社オペルの売却騒動で，前言を覆して売却を白紙撤回したGM経営陣であるが,オペルの根拠地があるドイツでは猛烈な反対運動が繰り広げられた。ここでも現場の声が経営陣によって一蹴された。

　机上の戦略が失敗したことが原因でGMは倒産した。現場のものづくりを軽視して，企業のM&A（合併・買収）にこだわった結果がGMの破綻である。これが現経営陣にもまったく教訓になっていない。犠牲者は従業員とその家族である。企業経営者の失敗は最低の事態を招く。しかし，最高司令官の失敗は尊い人命を失うという最悪の結果となる。ベトナム戦争を教訓としないオバマ大統領に限界が潜んでいるのではないか。トップが現場をかえりみずに決断するのは米国的，あるいはアングロサクソン的発想なのか。とすれば，オバマ大統領もアングロサクソンの一味となってしまったということになる。

　他方，イラクでの米兵死者数は激減しているものの，それでも13万人（2009年7月9日現在，同年9月9日までに1万人が増派）の米兵が治安維持に注力する。イラク軍の規模は19万6,127人である（2009年7月9日現在）。この両国の治安維持は実質的に米軍に依拠している。

　イランに関してもワシントン外交にとって重大度が高いが，アフガニスタンやイラクとは重要性の質が異なる。周知のとおり，核兵器開発をテヘランに断念させる国際協調体制を構築することをオバマ大統領は自らの使命と心得ているようである。北朝鮮の轍を踏むまいとするオバマ大統領の決意といえよう。ホワイトハウスにとってイランと北朝鮮を比較した場合，いずれの深刻度が高いのであろうか。その真意は計りかねるが，おそらくはイランがより厄介であると考えているだろう。

　しかし，北京にとっては北朝鮮問題が最も重要となる。北京にとってエネルギー資源に恵まれないアフガニスタンに介入するという行為は論外であろう。中国の国益を満たさないからに他ならない。しかし，イランは違う。イランは世界屈指の大産油国。イラン産原油は中国経済の発展に不可

欠, かつ貴重な御宝である。経済制裁に同調するわけにはいかない。一方, 北朝鮮との間には暗黙の上下関係が成り立っている。表面的には対等な国家関係が強調されているが, 歴史的な経緯もあって中国が北朝鮮を指南する関係が成立している。オバマ大統領はこの関係を最大限に活用したい。

　中国の温家宝首相を筆頭とする訪問団が2009年10月4日, 平壌に入った。2009年は中朝国交樹立60周年。中朝両国は閣僚レベルで経済・貿易, 教育, 観光分野の協力文書に調印した。食料不足に喘ぐ北朝鮮が頼れる国は中国のみである。北京には必ずある一定の姿勢で呼応する。当然, 温首相は金正日総書記と会談し, 友好関係が演出された。金正日は米国との2国間交渉が先行することを念押しした上で, 中国が議長役を務めるいわゆる6カ国協議に復帰する可能性を示唆した。

　その一方, 韓国国防省は北朝鮮が現在, 2,500トンから5,000トンの化学兵器を複数の施設に分散して保有することを暴露している。生物・毒素兵器のもととなる炭そ菌やペスト, コレラといった病原体も保有するという[21]。核兵器に加えて化学兵器まで保有し, しかもミサイルを発射する北朝鮮がいわばテロリスト集団であることは疑う余地がない。中国も北朝鮮も朝鮮半島の非核化という点で一致しているとされるが, 非核化に至るプロセスと意味合いがまったく違う。

　中国や国際社会が求める朝鮮半島の非核化とは北朝鮮が核兵器の開発と生産を断念することを意味する。その協議の場が6カ国協議である。その目的は北朝鮮に核兵器を全面的に放棄させることにある。核兵器を保有する北朝鮮には一切見返りはない。しかし, 北朝鮮にとって朝鮮半島の非核化とは在韓米軍の撤退に他ならない。韓国に米軍が駐留し, 韓国が米国の核の傘で防衛されている限り, 北朝鮮は核兵器放棄や休戦状態となっている朝鮮戦争の終結には応じない。

　北朝鮮についてもイランについても現行の体制が覆されないと, 何一つ

問題は解決しない。現行の体制を温存した状態で交渉を継続しても、時間の無駄である。しかし、外部から体制を崩壊させることにも時間とコストを要する。次善の策として交渉の長期化に甘んじているに過ぎない。この長期化で絶大な力を発揮できる国家が中国である。ワシントンはこの北京による北朝鮮外交を重視せざるを得ない。

仮に中国の外交力で北朝鮮問題が解決されれば、中国が東アジアで覇権を実現する第一歩となろう。中国の富国強兵は平壌に対する最も有効な切り札となる。東京としても中国脅威論を北朝鮮外交に対して巧みに活用すればよい。同時に、北朝鮮に関しては、かつての友好国であったモスクワも情報を握っていることだろう。少なくとも日本がもつ情報量とは桁外れに豊富である。米国、中国、ロシアから得た情報を冷静に、かつ客観的に分析すれば、的確な判断に繋がる。ただし、外交の目的が北朝鮮の一方的核放棄であることを忘れてはいけない。

# 4 イラン問題解決に米中協調は役立つか

ブッシュ前政権が強行突破したミサイル防衛（MD）システムの中東欧（ポーランドとチェコ）配備計画（**図表1-13**）を凍結するとオバマ大統領が2009年9月17日に言明した。2日前の15日に決断したと伝えられている。元々、MDシステム配備はイランから発射される長距離弾道ミサイルを迎撃することを目的としていた。ゆえに、核弾頭に使用する高濃縮ウラン生産と核兵器開発をテヘランが断念すれば、MDシステムは不要との判断からであった。この決断が凶と出るか吉と出るか。ポーランドとチェコが米国から離れ、欧州連合（EU）や北大西洋条約機構（NATO）を重視するという副作用を覚悟した上での決定である。

オバマ政権はMDシステム配備計画を見送る代替案も公表した。地中海東部と北海に迎撃ミサイルSM3を備えたイージス艦を展開し、イランが

### 図表1-13　中東欧への米MD配備計画

出所)『日本経済新聞』2009年9月18日。

発射する短・中距離ミサイルから関係地域を防衛する構想である。イスラエルを防衛するには充分な戦力であると同時に，チェコとポーランドの両国に地対空誘導弾パトリオットミサイル（PAC3）の部隊を巡回配備する方針も表明されている[22]。

　MDシステム配備を見送った目的は何か。一言で表現すると，ロシアに対する配慮である。2009年春，チェコの首都プラハでオバマ大統領が核兵器のない世界を提唱し，核軍縮をロシアに促していた。**図表1-14**にある米露両国保有の核弾頭数を削減するという戦略核の削減交渉を進めてきた。しかし，米露協調路線を模索する上での障害物がMD中東欧配備であった。イランの核兵器開発を中止に追い込むためには，イラン原子力発電所建設で協力し，ロシア製武器をイランに供与するロシアの取り込みが不可欠であるとホワイトハウスは悟った。イラン非難でロシアにも同調させる必要があった。

　対露外交の障壁を除去されたことでクレムリン（ロシア大統領府）はどのような姿勢に転じたか。クレムリンは即座に反応し，ロシアの飛び地カリーニングラードに新型ミサイル・イスカンデルを配備することを見送る

**図表1-14　非戦略核を含む核弾頭の保有数**

核拡散防止条約（NPT）で核保有国と認められた国

| ロシア | 5,189 |
|---|---|
| 米　国 | 4,075 |
| フランス | 348 |
| 英　国 | 185 |
| 中　国 | 176 |

それ以外の保有国・疑惑国

| イスラエル | 約80 |
|---|---|
| インド | 約70 |
| パキスタン | 約60 |
| 北朝鮮 | 6前後？ |
| イラン | 開発中？ |

出所）『日本経済新聞』2009年9月25日。

と宣言した。クレムリンがホワイトハウスに応答した格好である。ロシアとしてはウクライナとグルジアのNATO加盟を是が非でも阻止したい。そのためにはワシントンに譲歩することが得策であると計算したのだろう。いずれにしても，米露協調の障害となっていた当面の問題が解決される可能性が急浮上した。

　そして，2009年9月24日，ニューヨークで米露首脳会談が開催された。2009年12月に失効する戦略兵器削減条約（START 1）の新（後継）条約締結で合意した。この際，ロシアのメドベージェフ大統領はイラン制裁を排除しない考えを披露した。石油輸入の12％をイランに依存する中国は相変わらず，対話による解決を主張していた[23]。北京としてはイランをむやみに刺激したくなかったのであろう。それでも一方で，イランと敵対する米国やサウジアラビアとの関係も北京にとって枢要である。イラン問題で中国は難しい立場にある。

　この米露首脳会談が開催された翌日，米国がナタンツに次ぐ2カ所目の新たなウラン濃縮施設がイランで建設されていることを暴露する。イランは核拡散防止条約（NPT）に加盟する。NPT加盟国は国際原子力機関（IAEA）と保障措置協定を締結している。もって核関連施設へのIAEAによる定期的査察を受け入れる義務がある。にもかかわらず，テヘランはこ

れを申告しなかった。イランのウラン濃縮作業が平和目的でなかったことがこのとき，露呈した。

遠心分離機数は従来のナタンツが8,308基であるのに対して，未申告新ウラン濃縮施設では3,000基程度であると推定されている。この施設はイスラム教シーア派の聖地コムから30キロメートルにある山奥深くに設置されているという（図表1-15）。国家の中の国家と揶揄されるイラン革命防衛隊が保有する旧ミサイル基地がある山岳地帯である。

未申告新ウラン濃縮施設の存在が発覚した直後，イラン革命防衛隊が2009年9月27日に短距離，中距離ミサイル（射程範囲150〜200キロメートルと同じく300〜700キロメートルのシャハブ1，2）を，同年同月28日には中距離弾道ミサイル（射程範囲2,000キロメートルのシャハブ3，セジル）を試射した。シャハブ3は北朝鮮のノドンを模写したミサイルといわれる[24]。イラン革命防衛隊が攻撃的なことは明白である。イランからアフガニスタン，そしてパキスタンに至る地域がテロリスト集団の闊歩する世界屈指の危険地帯であることを再認識せねばならない。

イラン革命防衛隊がミサイルを試射した初日，すなわち9月27日に米国のピッツバーグで20カ国・地域（G20）首脳会議（ピッツバーグ・サミッ

**図表1-15　イランの核関連施設**

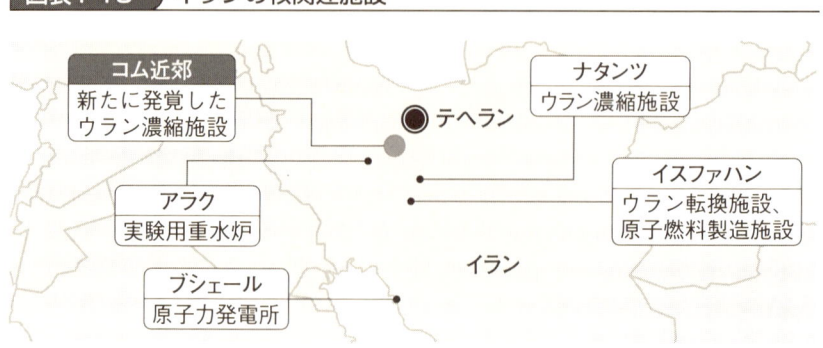

出所）『日本経済新聞』2009年10月2日。

ト）が開催された。この席上でイランを非難する声明が発表され，国際的なイラン包囲網が築かれた。ここにオバマ外交が結実した。単独主義を放棄し，国際協調路線が開花した瞬間である。緻密な計算に基づいたオバマ外交を垣間みることができる。これを外交と呼ぶと東京に誇示しているかのような鮮やかな手口である。

　このような外交努力が多国間核協議へと受け継がれていく。国連安全保障理事会常任理事国にドイツを加えた6カ国が2009年10月1日，スイスのジュネーブ郊外でイランと核問題を巡る協議を開いた(25)。6カ国がイランに核計画の全容を同年末までに説明するように要求したことから，イラン側が窮地に立たされることになる。釈明の余地がないイランはついに，IAEAの査察を受け入れると表明した。

　イランが最終的にウラン濃縮活動を停止するか。合意したロシアといった第3国にウラン再濃縮を委託する約束をイラン側が遵守するか。また，今回の多国間協議を突破口に米国・イランの敵対関係が解消され，信頼関係が醸成される方向に進むか。1979年のイラン革命勃発から30年。米国とイランは一つの転機を迎えている。それでも，テヘランが核兵器開発を断念するとは考えられない。否，断念しないと想定したほうが正しい答えを見出せるであろう。

　北朝鮮問題ではロシアの影が薄い。イラン問題では中国の影が薄い。協力相手国を巧みに組み合わせることで国際問題を克服しようとするオバマ大統領であるが，米中協調のみに依拠しているわけではない。とはいえ，外交問題で日本が米国に協力する機会はないだろう。日本の出番は経済問題だけに限定される。この状況から決別できる日は到来するだろうか。日本外交の貧困ばかりがどうしても目立ってしまう。

# 5. 米中協調が米国経済復活に昇華するか

　油断は大敵であるが，世界経済が上昇気流に乗りつつあることと歩調を合わせて，米国経済もまた最悪期を脱したようである。**図表1-16**が示すとおり，米国の実質経済成長率は2009年初頭から回復基調に入っている。疑心暗鬼ではないが,景気の回復を疑問視する見解もまだ根強い。結論づけるのは依然として時期尚早かもしれない。米国の失業率は2009年9月で9.8％と下がる気配すらない（**図表1-17**）。しかし，ニューヨーク株式市場

### 図表1-16　米国の実質経済成長率

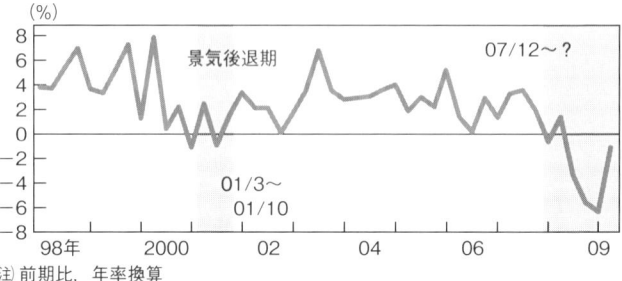

(注) 前期比，年率換算
出所)『日本経済新聞』2009年9月25日。

### 図表1-17　米国の失業率

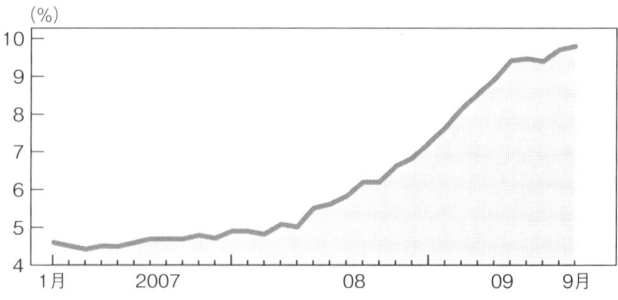

出所) *Financial Times*, October 3, 4, 2009.

ではダウ平均が1万ドルの大台を突破する展開となっている。投資家は今もって一喜一憂しているが、米ドル安を背景に、いずれは景気回復を確信するようになるであろう。

2009年9月の米雇用統計では非農業部門の雇用者数が対前月比26万3,000人減と市場予測よりも大幅に悪化した[26]。地方自治体の雇用調整も深刻化している。オバマ大統領は景気追加策に言及するようになった。それでも、米国失業率悪化の原因を中国人民元に求める声が一段と高まるであろう。人民元の過小評価が米失業増大の元凶であると決めつける見解が主流を占める可能性もある[27]。結果、米国側が中国当局に圧力を掛け、人民元安を修正するように迫る公算は大きい。このとき、米中協調の真価が問われる。

しかしながら、市場では低金利政策が続くとの観測から米ドル売りが堅調である。米ドル先安観が市場にみなぎっている。その反動で金の国際価格が1トロイオンス1,000ドルを突破して史上最高値を更新している。米ドルを売却して金を購入する層が厚いからである。このような動向は**図表1-18**をみれば明らかである。

米ドルが確固たる基軸通貨として信認を得る時代は終焉を迎えた。当局がある種の仕掛けを施さない限り、いずれ、米国に資金が流入しなくな

**図表1-18　ニューヨーク金先物と米ドル相場**

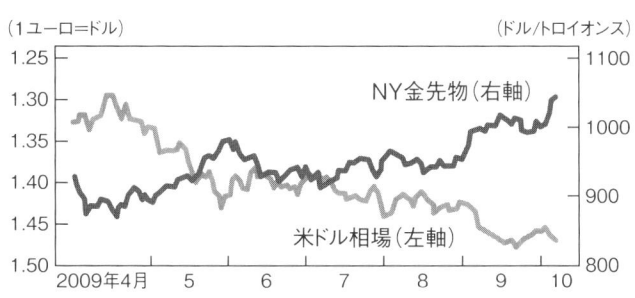

出所)『日本経済新聞』2009年10月9日。

る。とはいえ，米ドルに代わる基軸通貨は不在である。世界の多極化は米ドル凋落を如実に示している。米中協調路線が米国の没落を一時的に防御するかもしれない。しかし，北京が一人歩きする，あるいはその逆に中国共産党一党独裁体制が崩壊し，中国が空中分解すれば，ワシントンのシナリオは脆くも砕け散ってしまう。

　この事態に直面した日本が真の意味で自立できるのか。米国や中国との関係を重視する従来型の外交では必ずや行きづまる。経済力（技術力）に加えて政治力を駆使した外交を世界で展開できるか。周到な準備を進める時代に突入したことを日本の為政者は自覚しているだろうか。

[注]
（１）『日本経済新聞』2009年9月11日。
（２）『日本経済新聞』2009年9月24日。
（３）『日本経済新聞』2009年7月30日。
（４）*Financial Times*, August 25, 2009.
（５）『日本経済新聞』2009年9月11日。
（６）『日本経済新聞』2009年8月15日。
（７）『日本経済新聞』2009年10月1日。
（８）*Financial Times*, September 25, 2009.
（９）『日本経済新聞』2009年10月2日。
（10）『日本経済新聞』2009年9月12日。
（11）*Financial Times*, September 10, 2009.
（12）*Oil & Gas Journal*, July 27, 2009, p. 8.
（13）『日本経済新聞』2009年11月2日。
（14）*Financial Times*, September 29, 2009.
（15）『日本経済新聞』2009年8月12日。
（16）『日本経済新聞』2009年11月2日。
（17）『日本経済新聞』2009年9月4日。
（18）*Financial Times*, October 23, 2009.
（19）*Financial Times*, September 8, 2009.
（20）『日本経済新聞』2009年10月29日。

(21) 『日本経済新聞』2009年10月6日。
(22) 『日本経済新聞』2009年9月19日。
(23) *Financial Times,* September 26, 27, 2009.
(24) 『日本経済新聞』2009年9月29日。
(25) 『日本経済新聞』2009年10月2日。
(26) 『日本経済新聞』2009年10月3日。
(27) *Financial Times,* September 3, 4, 2009.

# 第2章

# 米中協調は朝鮮半島にも投影されるか

# 1. 問題の発端

2009年4月5日，北朝鮮はミサイル発射実験を行った。その最大の理由は，ミサイル打ち上げを必要とする内政事情に求められている[1]。4月9日から始まった最高人民会議（国会）開催までに，打ち上げる必要があったという。後継者の実績作りのために，人工衛星の打ち上げが必要であった，そのついでにミサイル実験もした，というのが真実である，と述べている。

筆者はそうした議論に異を唱えるものではない。ただ，無法国家・北朝鮮が次第に敵を多く作り，唯一の後ろ盾であった中国の支援も危うくしている事実を指摘しておきたい。

北朝鮮のミサイル打ち上げ後，国連安全保障理事会は議長声明を発表して，北朝鮮のミサイル打ち上げは国連決議1718違反を明白に示した。北朝鮮は反発し，中国を議長国とする6カ国協議への参加ボイコットを表明したのである。

一方でその直後に，ロシア政府が極東で建設を計画するパイプラインと液化天然ガス（LNG）輸出基地について，日本に資金，技術両面で支援を求めてきた[2]。ロシア側はサハリンとウラジオストクを結ぶパイプラインとウラジオストク近郊でのLNG輸出基地の建設を計画している。日本のLNG技術が導入され，資金規模は5,000億円程度と見込まれる。ロシア政府は同時に，財政難に対応するため，2010年から外債発行を再開する。ロシア財務省は欧州市場で債券を発行し，50億ドル規模の資金を調達する計画であるという。

# 2 北極圏大航路とロシアの利害

　ロシア政府はサハリン産天然ガス・原油の輸出をアジア太平洋市場に拡大する計画である。今後，日本海，黄海，東シナ海に伸びる航路の安全はロシアにとって至上の課題となる。また，地球温暖化の結果，オホーツク海，サハリン島の東を北上し，ベーリング海峡を北上して北極海に至る北極圏大航路が常時利用できるようになれば，アジアと欧州との運搬日数は大幅に短縮できる。そうなると，北西太平洋の航路の安全確認はロシアのみならず，米国，カナダ両国にとってもきわめて重要な課題となってくる。

# 3 米国・カナダ両国の安全保障

　北朝鮮のミサイル発射はハワイや米国西海岸まで到達できないにしても，日本海や北西太平洋に落下すれば，航行中の船舶には重大な支障を来たす。つまり，北朝鮮のミサイル発射は米国だけではなく，カナダ，韓国まで確実に受ける危険が迫ってきたといえる。

　日本はウラジオストクに至るパイプライン，ウラジオストク郊外のLNG製造工場建設を契約するのを機会に，一気にロシアと平和条約を締結すべきである。北方四島に関しては，今後の交渉を経て，旧島民の帰住権，周辺海域の漁業権を確立し，最終的に北方四島の共同防衛にまで至れば，事実上，北方四島は返還を受けたと同じ事態が生じる。もちろん，交渉は困難であるが，今後，極東ロシアのインフラストラクチャー（社会的経済基盤）開発支援を推進しながら，粘り強く交渉を続け，北方四島の利権を獲得すべきである。そうすれば，マスコミで一部指摘されている北方四島返還問題の埋没は防げることになる。「はじめに領土問題ありき」で

はなく，極東ロシアのインフラ開発を支援しつつ，領土主権に触れない方式で一歩一歩，実質的権利を獲得していく交渉である。日本外交の手腕が問われる所以である。

## 4. 韓国の反発

　北朝鮮のミサイル打ち上げは，韓国の李明博大統領が掲げる対北朝鮮政策の正しさを証明した結果となった。過去の金大中，盧武鉉政権の下で「まず融和ありき」の太陽政策に親しんできた韓国民も核保有国となった北朝鮮と融和を進めるわけにはいかない。2009年1月には北朝鮮は過去に韓国と結んだ「政治・軍事の対決状態を解消するすべての合意」を無効にすると一方的に宣言した。今から考えれば，ミサイル打ち上げを強行する布石であったのかもしれない。

　根底では反日感情を捨て切れない韓国民も，北朝鮮に対して強硬姿勢を続ける日本と結束を強化せざるを得なくなった。オバマ米政権の北朝鮮政策担当特別代表を務めるスティーブン・ボズワース氏は，日米韓の3カ国による連携を強化しつつ，北朝鮮の核放棄交渉を続けている。

　李大統領の対北朝鮮政策は日韓米の結束強化のもとに対峙していく方向が固まったといえる。

　彼のもう一つの大きな課題は景気対策である。2009年2月の同国失業率は2006年3月以来の高水準である3.5％で，2008年の大学卒業生のうち就職できたのは46％のみ。韓国の主力輸出産業が大打撃を受け，2009年は11年ぶりにマイナス成長になると予想されている[3]。

　韓国経済が苦境に見舞われているとき，日本はできる限りの支援をする必要がある。日本の経済支援が韓国民の心底にわだかまる反日感情を融解するからである。すでに，アフガニスタン向け日韓混合農業指導チームの派遣も伝えられている。日本が資金を貸与して，アフリカのマダガスカル

や東欧のウクライナに栽培農民を韓国から派遣するのも一つの案である。韓国の自動車業界に小型電気自動車生産を委託して，雇用を維持する案も浮上する。また，北朝鮮が38度線を突破して南侵作戦を開始した場合，一挙に朝鮮半島の東海岸と西海岸とを封鎖可能な艦船建造を支援する可能性も含めて検討すべきである。

北朝鮮のミサイル発射によって日韓の連携が一挙に強化された現在，日本が韓国の雇用対策を支援すれば，韓国の世論は好感をもって迎えるに違いない。

# 5. 北朝鮮の核をどうする

北朝鮮が核を放棄するのは不可能に近くなっている。北朝鮮はミサイルに搭載できる核弾頭を小型化するのに成功したとの見方も出始めてきた。オバマ米政権は北朝鮮に核を放棄させることは不可能に近いと認識し始めてきている[4]。

それではどうすれば良いのか。試案を提示して解決策を検討してみよう。

北朝鮮の核開発は中露両国の支援に基づく。そのうち，ロシアは北朝鮮の核ミサイルが極東シベリアの原油・天然ガス輸出市場を北東アジアから東南アジアへ，そして米国西海岸へ拡大する計画の支障となる事実に気づき始めた。中国はまだ北朝鮮の核ミサイル開発の後方支援をするマイナスに気づいていない。北朝鮮を中国の手先として日米韓3国を手玉にとって苦しめれば，自国の立場が安泰と判断しているようである。

問題の一つの根源は6カ国協議にある。中国が議長を務め，北朝鮮を適当に甘やかしてきた。この6カ国協議はブッシュ米政権の放任主義の結末であり，当時のクリストファー・ヒル米代表は成果を急いで，日本の拉致被害問題を無視して北朝鮮のテロ支援国家指定を解除し，ものの見事に失

敗した。

　北朝鮮は国連安保理が議長声明をもって北朝鮮ミサイル打ち上げの国連決議1718違反を宣言して以来，6カ国協議のボイコットを表明した。中国が議長国として勢力伸張に利用する6カ国協議は北朝鮮の身勝手で御都合主義的な言動を，ある場合には抑止したり，また別な場合にはあやしたりして，結局，その核開発に時間を与えただけに終わった。6カ国協議が幕の引き際に差しかかったときであった。北朝鮮がボイコットするなら，解散したほうが良い。

　これから，北朝鮮の独裁者・金正日総書記の後継者を巡る権力闘争が展開されていく過程で，北朝鮮は瀬戸際政策ばかりではなく，実際に冒険主義的行動に走るかもしれない。日韓両国はそうした北朝鮮の不規則な行動に備えなければならない。ロシアは完全に自国利益優先主義の立場から，北朝鮮の演出するトラブルには立ち入らなくなる。

　北朝鮮の権力闘争を巡るスキャンダルがマスコミによって全世界に報道され，しかもその不規則な行動が周辺諸国に火の粉を注ぐようになれば，その後ろ盾となっている中国が黒幕的な存在として国際的な疑惑を深めるようになる。ちょうど，アフリカ・スーダン西部のダルフール紛争で30万人を殺害し，250万人が家を追われて難民化した罪によって2009年3月4日，国際刑事裁判所（ICC）が同国のオマル・ハッサン・アハメド・バシル大統領に逮捕状を発行したところである。スーダン南部の石油開発を推進し，バシル大統領をかばってきた中国も，ここに来て，バシル大統領との密接な関係を続けていくことができなくなったのと同じ事態が発生する。2011年にスーダンでは同国南部の独立を問う住民投票の結果，南部の黒人キリスト教徒が独立に賛成した場合，中国のこれまでの介入はすべて否定されることになる。

　中国がスーダン的地位に追い込まれて北朝鮮の後見人的立場を放棄せざるを得なくなった場合，北朝鮮は孤立無援となり，核を放棄して日米両国

と平和条約を締結して経済復興に専念していくのではないだろうか。

# 6. 米中協調と北朝鮮の位置

　北朝鮮は早くも孤立を打開する外交マヌーバーに打って出た。2009年4月21日に北朝鮮領内の韓国が投資した開城での会談を呼びかけてきた。北朝鮮は3週間前に逮捕した韓国人労働者と中国国境近くで写真撮影をしていた米国人ジャーナリストを拘留している。折しも韓国の李大統領は「核不拡散保障イニシアティブ」(the Proliferation Security Initiative)に参加して、北朝鮮が核ミサイル情報をイランおよびシリアに売却するのを防止する取り決めを実施する予定であった。李大統領は北朝鮮の会談申し入れを週末に延期して、「核不拡散イニシアティブ」への参加を優先させた。北朝鮮の軍部スポークスマンは「李大統領の裏切りグループは首都ソウルが軍事境界線から僅か50キロメートルしか離れていないことを忘れるべきではない」と脅迫した[5]。

　北朝鮮の度重なる核挑発行為に対し、オバマ米政権は韓国に「核の傘」を保障した。韓国が北朝鮮から核攻撃を受ければ、米国は核の報復を保障する約束を交わした。この「核の傘」の保障に基づいて、韓国政府国防省は2009年6月26日、2020年までに軍の近代化を推進する「09-20国防改革基本計画」を発表した[6]。それは北朝鮮による核・ミサイル攻撃という有事を想定して「先制打撃」の概念を初めて明示し、北朝鮮全域のミサイル基地を粉砕できる能力を確保する。関連事業費は599兆300億ウォン（約44兆5,000億円）を見込んでいる。韓国は核ミサイルによる攻撃を受ける前に、最大限敵地域で攻撃を遮断除去する先制攻撃能力の増強を図る。そして、地下核施設やミサイル基地を破壊できる特殊貫通弾「バンカーバスター」や米国の無人偵察機「グローバルホーク」を配備する。地対空のパトリオットミサイル「PAC3」や海上迎撃誘導弾による迎撃や核爆発に伴

い発生する強い電磁波への防護システムも導入することにしている。

　韓国政府国防省の「先制打撃」の概念導入は米国核戦力の後ろ盾があって初めて成立し得る現実的条件を意味する。

　北朝鮮は韓国のこの固い決意に対して沈黙を守っている。中国は国連安保理の制裁決議に賛成票を投じた。この問題に関して，中国・延辺大学人文社会科学院の姜龍範院長は中国の対北朝鮮関係の変化を指摘した[7]。同氏によれば，中朝は同盟ではなく，普通の国家対国家の関係であるという。だからこそ中国は国連安保理の制裁決議に賛成した。他方で同氏は，中朝友好協力相互援助条約は放棄していないという。北朝鮮で何かあったとき，使うこともできるし，北朝鮮が支援を要請すれば，中国が出兵しても問題にならないと解釈している。

　同氏の論理矛盾を解く鍵は米中協調の密接度である。米中協調のバランスを維持するために，中国は国連安保理の北朝鮮制裁決議案に賛成した。しかし，中国は北朝鮮の大量破壊兵器を運搬する危険を含む貨物船を点検するのは，旗国の了解を得てからと条件をつけた。これではザルで水を汲む類であって，効果はないに等しい。

　折しも，北朝鮮の最高権力者金正日の三男・金正雲（キム・ジョンウン，26歳）は北朝鮮国防委員会のメンバーであり，金正日の義弟である張成沢氏を含む軍・労働党首脳部とともに2009年6月10日から広州・上海・大連を視察して6月17日に平壌に戻った。一行は江沢民元主席と胡錦濤現主席の後継者と目されるシー・ジインピン（Xi Jinping）副主席と会談したと伝えられる[8]。未だ20代後半の金正雲が金正日の後継者となるのは，軍部にとっては先軍体制を強化しやすい。労働党幹部にとっては，問題が発生したときにその責任を金正雲に転嫁できる。北朝鮮のような独裁国家には都合の良い後継者選択であったといえる。

　北朝鮮訪問団の中国視察旅行は中国政府筋が強く否定している。真偽のほどは定かではないが，中国は北朝鮮に工業原料や消費財の供給を増やし

てきている事実は否定できない。北朝鮮経済が中国の丸抱えになる危険性は中国共産党指導部が熟知しているはずである。中国が国連安保理の採択した北朝鮮制裁決議に賛成しながら，北朝鮮への経済支援を増やしているのは，新指導者・金正雲の名義で前任者の核実験・核兵器製造政策の転換を促しているように思われる。

　北朝鮮の新指導部が国際社会の容認できる原子力の平和利用に移行した場合，日韓両国から平和条約締結の大義名分を掲げて，膨大な経済支援を求めることになろう。

　中国は北朝鮮が近い将来，国際原子力機関（IAEA）の査察を受け入れて，核実験ならびに核兵器製造を放棄した証拠を確認できれば，韓国に対して大幅な軍縮を要求してくる。米国は米中協調の建前から，それに応じざるを得ない。韓国の李政権は大混乱に陥り，新たな太陽政策や対北朝鮮融和策を掲げた勢力が台頭してくるであろう。

　中国の究極的な狙いは朝鮮半島の非核化・影響圏の拡大に求められる。米国も朝鮮半島の非核化を究極の目標として掲げた以上，それを拒否できない。朝鮮半島の非核化は中国にとって好ましい統一政府の実現を意味する。韓国はこの「罠」にきわめて乗りやすい政治体質をもっている。

# 7. クリントン訪朝と日本の立場

## 1.「米朝密約」か

　クリントン米元大統領の平壌訪問によって北朝鮮側に抑留されていた2人の米国人女性記者は釈放された。北朝鮮側が求めていた米朝2国間協議の突破口となった可能性が高い。

　「米国は制裁強化を主導しながら，自国民救済のために国際社会の結束に傷を付け混乱を与えた。[9]」

確かにそのとおりであるが,今後,北朝鮮の核開発を巡る6カ国協議が再開されたとしても,米朝2国間協議の合意が優先し,6カ国協議は形骸化しよう。

「北朝鮮は交渉の過程で核問題での米朝の直接協議などを要求した可能性がある。(10)」

核問題での米朝の直接協議こそが日韓両国やモンゴル,ロシアなど周辺諸国に最も深刻な影響を及ぼす可能性が高い。米朝直接協議こそクリントン米元大統領の平壌訪問によって交わされた「米朝密約」に他ならない。

「金桂官（キム・クエ・ガン,北朝鮮政府交渉主任）は平壌空港にクリントン元大統領を出迎えた。(11)」

クリントン元大統領の平壌訪問後のマスコミは人質救出劇に焦点を当てて「米朝密約」の疑惑を打ち消すのに躍起の状態である。それだけに今後,「米朝密約」がどのように具体化していくかに関心が集まるゆえんである。

## 2. 米朝2国間協議の内容

今後,時間の経過とともに米朝2国間協議の内容が少しずつ明らかになっていくことと考えられる。現時点で予想されるその内容は次のとおりである。

まず,政治的には北朝鮮核開発を現時点で凍結し,朝鮮半島の非核化に向けて双方が努力する。韓国駐留米軍は米韓共同軍事演習を中止し,次第にその規模を縮小する。そして,漸次的に韓国から撤退する(12)。

経済的には大量のコメや農産物・日用製品を援助として供与し,北朝鮮産の鉱産物で現物返済とする。この問題は米国が日朝平和条約の締結による賠償支払いと関連して,日本政府に働きかけがあるはずである。

## 3. 日本の立場

「日本は衆院選後の政権形態にかかわらず，『対米連携』一辺倒でない独自の方針にきている。(13)」

日本は将来にわたって非核政策を堅持しており，今後，予想される北朝鮮の核威嚇政策に対しては米国の「核の傘」に依存せざるを得ない。しかし，米国が確実に「核の傘」を約束しなければ，日本は独自の核武装に向かう。

この前提内で日本が独自の北東アジア政策を追求していく余地はある。

まず，北朝鮮との間に平和条約・相互不可侵条約の締結を進めていく。その前提は拉致問題の解決である。拉致被害者の生存を確認すると同時に，不幸にして北朝鮮で死亡した拉致被害者に対しては北朝鮮政府が誠意をもって補償金を支払う。

この前提条件が満たされたならば，平和条約・相互不可侵条約の締結交渉に入る。賠償金ならぬ長期借款を供与して，北朝鮮政府が必要とする産業機械・資材，それに食糧品を供給する。

日本国内では耕作放棄地を回復して食糧増産を奨励し，食糧備蓄を増やしていく。同時に，北海道十勝沖，日本近海のメタンハイドレートの実用化を急ぎ，エネルギー輸入依存度を大幅に軽減して有事に備える。

防衛力強化の一環として監視ロボットを長い海岸線に配置し，今後予想される不法侵入者を未然に防止する。監視ロボットの通告によって，すぐ出動できる武装ヘリコプター・高速装甲車の機動力配置に努める。

防衛力の強化によって艦空母艦の建設，高速警備艦，潜水艦の増産を実現していく。それは海上保安庁と防衛省の任務分担を明確にすると同時に，有事の際の責任回避を未然に防ぐことが前提である。

監視ロボットの配置や防衛力強化の財源は特別に国防債券を発行して国民の協力を深めていく。

今後，韓国との防衛協力が不可欠となっていくが，その場合，竹島の領有権を明確にしておかなければならない。朝鮮半島が将来，統一された場合，竹島の領有権を曖昧にしておくと，日本海の漁業権や制海権を失う危険が生じる。

　次に，対ロシア関係であるが，すでに触れたとおり，極東ロシアの人口は800万人，それも減少の傾向を示している。これに対して中国・東北3省の人口規模は2億人を超える。極東ロシアは絶えず中国人の侵入に警戒心をもつ。加えて，東シベリアの開発では交通インフラの整備，原油・天然ガス・鉱物資源の開発は緊急の課題である。そうしなければ，極東ロシアの住民は増えず，極東ロシアから東アジア，東南アジアへの輸出を増やすことはできない。極東ロシア側は日本の技術・資金協力を希望しているにもかかわらず，日本政府は依然として領土問題にこだわって，対露関係改善のチャンスを逃してきている。領土問題は懸案事項として日露平和条約を締結し，ロシアとの友好関係を確立すべきである。

　ロシアはオホーツク海・日本海の自由航行によって東アジア・東南アジアへの市場を拡大できる。また，温暖化によって北極海が冬季でも航行可能となれば，北極圏航路の確立によって欧州への運送時間を大幅に短縮できる。北朝鮮の核開発・威嚇政策はロシアの経済発展にとって損害をもたらすものでしかない。日本が極東ロシアへの経済・技術支援の見返りとして，北方四島旧島民の自由な帰住権や北方四島周辺の漁業権の獲得をはじめ，最終的には北方四島の共同防衛にまで漕ぎ着けることができれば，実質的に北方四島の返還は実現できたことになる。もちろん，そこに至るまでに北方四島の原住民への医療給付や日露友好大学の設立，その他文化交流の拡大といった中間形態が存在しよう。

　ロシアのプーチン体制は長続きしないかもしれないし，2013年のソチ冬季オリンピックも無事に開催できるか疑問である。日本の対ロシア関係は中・長期の展望を見据えて，関係改善の地道な努力を積み上げていくこと

が不可欠である。

　最後にモンゴルであるが，内陸国家で銅・ウラン鉱などの地下資源に恵まれている。鉱物資源は精錬して銅地金やウランとして輸出したほうが付加価値も高く，それに軽量である。現場の精錬工場から空港・貨物輸送機積み込みまでのネットワーク確立が急務である。次に，遊牧経営を少しずつ定住牧場経営に転換していく必要がある。従来の遊牧経営はとくに，冬場の気候激変によって羊の大量死を招く危険が高い。モデル牧場を設置して，牧草栽培・排出物管理・冬場の牧草補給・羊毛裁断の技術などを修得していけば，定住牧場経営への転換が容易となろう。

　こうした定住牧場経営への転換に成功すれば，近代的な所有権も発生するし，企業で働く労働者の供給も可能となろう。

　防衛面では広大な国土面積を形成する国境線に配置する監視ロボットの配備が有効である。そして，武装ヘリや高速装甲車の強化が急務となる。

　以上の経済・防衛両分野にわたる対モンゴル支援は日本単独ではなく韓国，米国共同で提供することが望ましい。

## 4．日本の将来

　やがて米国は米中協調（G2）政策の誤りを認識し，日本列島が中国の北米大陸攻撃の「砦」であることを認知するようになる。それは4年先の米政権交代期となるかもしれないし，またそれ以前になることも予想できる。米国内の有識者が先走って近視眼的に捉えた米中協調政策は第2次世界大戦の末期，国共内戦がもたらした惨めな結果と同様の内容となった。

　オバマ米政権による北朝鮮の核兵器所有の事実上容認は中東・イランの核開発に深刻な影響を及ぼした。オバマ政権がイランの核開発に反対し，国連による制裁を強化しつつあったが，それは最早継続できない。オバマ米政権が北朝鮮の核兵器所有を事実上容認しておいて，イランの核開発を抑止しようとすれば，ダブル・スタンダード（二重の規範）を犯す結果を

招く。

　そこで，イスラエルの立場が問われる。イスラエルはオバマ米大統領の警告を無視して，ヨルダン川西岸地区に自国民の殖民を続けてきた。イスラエルが高度工業国家に躍進できた現在，60年前の建国当時のような農業植民政策（キブツ化）は無意味であり，筆者も反対である。しかし，イスラエルのネタニヤフ首相は，イスラエル南部の安全保障を固める上で，イスラエル国民の人的盾が必要であったのかもしれない。

　イスラエルは自国の安全保障を最優先させる立場から，イランの核開発に強く反対してきた。とくに，ナチス・ドイツによるホロコースト（ユダヤ人大虐殺）を認めないアハマディネジャド大統領が再選されて，核開発を加速させる姿勢に焦燥感を強めてきた。このイスラエルのイラン核施設攻撃準備を抑止してきたのがオバマ米政権であった。2009年9月から対イラン交渉に入るので，その成果を待つようイスラエルのネタニヤフ首相を説得してきた。しかし，オバマ政権が北朝鮮の核兵器保有を事実上容認した現在，イランの核開発中止を説得することはできない。アハマディネジャド大統領の下で核イランとイスラエルは共存できない。また，サウジアラビアやエジプト，アラブ首長国連邦（UAE）も核イランの存在には強く反対する。

　残された選択肢は1つ。イスラエルがイランの核施設を破壊し，その後発生する両国の戦争は穏健派アラブ諸国がイスラエルを経済的に支援する。イラン・イスラエル戦争が長期化し，イスラエルに不利な情勢になってきた場合には，米国が調停工作に乗り出す。

　この中東新動乱の構図は不可避である。オバマ米政権の北東アジアおよび中東政策の行きづまりを打開する妙案として，「北朝鮮爆撃計画」が飛び出してきた。この北朝鮮爆撃がたとえ実現したとしても，それはオバマ米政権の変幻性を証明するだけであって，国際的な支援は得られない。

　やはり当面はオバマ米政権・日韓両国政府が平壌側と交渉を重ねて，核

兵器抑止と引き換えに協調政策を続けざるを得ない。中東ではイスラエル軍のイラン核施設破壊攻撃を見守り，イラン・イスラエル戦争に対応していかざるを得ない。

　北東アジアと中東では核拡散の行方とからんで当面，不安定な情勢が続く。それは核拡散の新しい条件下で安定的な国際核管理体制を確立する過渡期と位置づけられる。

［注］

（1）重村智計「北朝鮮のミサイル発射—狙いは後継者の業績作り『ついで』に米国を挑発—」『週刊エコノミスト』4月21日号，2009年，12-13ページ。
（2）「サハリン1のLNG輸出—日本に支援要請—」『日本経済新聞』2009年4月15日，朝刊。
（3）「李明博—CEO大統領の1年は不景気と北朝鮮で散々—」『ニューズウィーク日本語版』2009年4月22日号，56ページ。
（4）「スティーブンボズワーク—米国務省北朝鮮政策担当特別代表—」『ニューズウィーク日本語版』2009年4月22日号，54ページ。
（5）Christian Oliva, Pyongyan calls rare direct talks with South Korea, *Financial Times*, April 20, 2009.
（6）「韓国国防計画—先制打撃を初明示—」『日本経済新聞』2009年6月27日，朝刊。
（7）「延辺大学・人文社会科学学院の姜龍範院長」『日本経済新聞』2009年6月29日，朝刊。
（8）Jamil Anderlini and Robin Hardig, North Korea 'heir' visits China, *Financial Times*, june 29, 2009.
（9）「白承周（パク・スンジュ）韓国国防研究院安保戦略センター所長」『日本経済新聞』2009年8月6日，朝刊。
（10）「ウオルター・ローマン米ヘリテージ財団アジア研究センター所長」『日本経済新聞』2009年8月6日，朝刊。
（11）クリストファー・カルドウエル「金皇帝の法廷へ」『フィナンシャル・タイムズ』2009年8月8日。
（12）韓国の現代グループ会長・玄貞恩（ヒョン・ジョン・グン）女史は2009年8月10日，北朝鮮の平壌を訪問し，開城（ケソン）工業団地で拘束された同グルー

プの職員解放を交渉した。その結果，同月13日に拘留された同職員は追放の形式で釈放された。同女史が再三，平壌滞在を延長して北朝鮮側と交渉を続けたのは8月17日から予定されていた米韓共同軍事演習の中止を要求された可能性が高い。

(13)「李鐘元・立教大学教授（国際政治）」『日本経済新聞』2009年8月6日，朝刊。

# 第3章

# 米中協調は台湾経済にどのような影響を及ぼすか

# 1. 台湾経済の香港化危険

　米朝協調が深化していく中で，中国の胡錦濤国家主席は2008年12月31日，両岸関係の発展を進め，「平和統一・一国両制」の方針と現段階における両岸関係の発展と祖国統一を進める8項目の主張を述べた[1]。すなわち，

①「一つの中国」原則を決して動揺させることなく堅持すること
②平和統一を争い取る努力を決して放棄しないこと
③台湾人民に希望を寄せる方針を貫徹すること
④「台湾独立」の分裂活動への反対に決して妥協しないこと
⑤両岸関係の平和発展の主題をしっかりと把握すること
⑥両岸同胞の福祉と台湾海峡地区の平和を謀るために誠意をこめること
⑦国家主権と領土の完全性を維持すること
⑧中華民族の根本利益を維持し守ること

　そして，胡主席は対台湾政策について次のような6項目を提案した。

①「一つの中国」を遵守し，政治的相互信頼関係を増進させる
②経済協力を推進し，共同発展を推進させる
③中華文化を発揚し，精神的絆帯を強化する
④人員往来を強化し，各界の交流を拡大させる
⑤国家主権を維持・保護し，渉外事務を協議する
⑥敵対状態を終わらせ，平和協議を達成する

　以上6提案のうち5番目の提案は重要な内容を含んでいる。つまり「一国両制」の統一スローガンの下に，外交実務を中国が台湾から包括してい

こうとするものである。

　以上の6提案に対して台湾の馬英九総統は，2009年元旦講話の中で両岸交流について次のように回答した。

　2008年1年間で両岸関係は海峡交流基金会・海峡両岸関係協会による定期協議によって，空港・海運の直航と直接通便という「大3通」が実現できた。これは民進党執政期における「小3通」および「休日チャーター便」の政策が手助けとなった。台湾は今後，両岸関係貿易が日増しに深化していく際に，積極的に中華民国の主権と尊厳とを維持し，守っていかなければならない。しかし，台湾経済の発展が両岸経済貿易や投資がもたらす成果だけに頼ってはならないことも認識しなければならない。

　台湾野党の民進党主席蔡英文女史は「馬英九政府の中国事務の処理が曖昧で軟弱であり，そのため中国政府の台湾に対する非常に誤った理解を生み出している。台湾の与党・国民党は『一つの中国，各自が述べ合う』から92年コンセンサス，そして現在は中国の主張する一つの中国原則へと後退してしまっている。これは一連の主権の後退現象である」と指摘している。

　台湾の馬英九総統は当選・就任当時は台湾民衆に絶大な人気を維持してきた。しかし，総統就任から約8カ月が経過して支持率は低下する一方である。馬英九総統の対中政策は拙速すぎる。このままでは台湾は中国に飲み込まれてしまう。国内経済の回復が急務であるとの批判が少なくないからである。民進党の批判も民衆の声を汲んだものであり，第2次江丙坤―陳雲林会談で中国側代表団の訪台中にデモ行動・抗議活動を引き起こした原因であった。また，ビジネス面でも中国大陸で営業している台商（台湾ビジネスパーソン）がなかなか融資を受けられず，資金繰りに窮する事態が頻発している。台湾側海峡交流基金の江丙坤理事長一行は2009年1月7日から10日にかけて中国南部の深圳・東莞・広州および南京などの諸都市を訪問し，深圳で陳雲林海峡両岸関係協議会会長と会談して，台商支援のための担保基金を成立させることで合意が成立した[(2)]。

## 2 民進党施政の光と影

　2000年から2008年にかけて台湾の原住民を代表する民進党が政権を担当した。民進党は台湾の独立を目標に掲げた。台湾国民党は現状維持を主張した。台湾の将来について政府の大陸委員会が毎月調査をしているが,「現状維持をしてから,それを決めましょう」が過去の36％から44％に増えている。「永遠の現状維持をしましょう」が9％から20％に,「現状維持の後,独立しましょう」が10％から17％。「現状維持をしてから統一しましょう」が10％。「速やかに独立宣言をしましょう」が10％以内。「中国との統一希望」というのは非常に少ない。台湾住民の90％が「現状維持」の意識をもっている。しかし,馬英九政権が対中国交渉で拙速を続け,そこにつけ込んだ胡主席の平和攻勢に呑み込まれて「一つの中国」を容認する段階に追い詰められてきた。今後,台湾の世論がどのように変化するのか。

　2008年から始まった世界金融・経済恐慌の中で中国はその被害が比較的軽微であったため,米国は米中協調（G2）の確立によって復興を急ぐことになった。中国の国際的な存在は次第に重きをなし,台湾は米国の支持を期待できなくなった。国民党政権が掲げる現状維持政策に台湾世論が危惧を抱き始めたのが現状といえる。台湾住民は国民党政権の現状維持政策が中国の平和攻勢・一国両制の甘いささやきに呑み込まれていく不安を感じ始めた。

　民進党政権になってから陳総統の「一辺一国論」が2002年に発表され,中国側も2005年に「反分裂法」を公布して両者の対立が先鋭化した。台湾国内では民進党は蒋介石に対する批判や正名運動に代表されるような脱中国化の動きが強くなった[3]。

　民進党政権は内外に対立と亀裂を深め,結局,自滅する形で政権交代をしてしまった。

しかし，事実の動きは台湾世論とは逆に「一国両制」の甘言に誘惑されて，中国に呑み込まれてしまう道程を歩みつつある。「一国両制」といっても，すでに香港のケースで証明済みのように，中国人民解放軍が台湾を軍事的に制圧するのであるから支配関係の成立と同一である。

今後，台湾の世論は独立に傾斜していくと予想される。民進党政権が推進してきた台湾人意識はかなり定着しており，台湾が「第2の香港」となる危険は非常に小さいと考えられる。

民進党政権が政治的に未熟であったために経済運営に失敗した。台商や企業が近視眼的に中国大陸市場に進出することが台湾の経済成長を高め，庶民の暮らしを豊かにするという幻想を抱いた。民進党政権はそうした財界・産業界の幻想を正し，新しい経済課題を啓発できなかった。新しい経済課題とは何か。それは新市場の開拓であり，独自の新製品開発であった。東南アジアのベトナム，トルコを含む中東市場，東欧のウクライナ，アフリカのマダガスカル，西アフリカ市場，中南米のチリ・アルゼンチン・ペルー・ベネズエラなど，投資を通ずる新市場開拓の余地はあったはずである。加えて，新製品開発による輸出拡大，そして英語教育の徹底化によってオフショア市場の開拓など，民進党政権の8年間を通じて中国本土市場に依拠しない成長経路を拡大する可能性はあったはずである。

民進党政権は両岸経済関係の拡大に熱心であったのではなく，中国市場に依拠しない経済政策を実施できなかったために自滅したのである。

思うに，一国の独立とはそう簡単な事業ではなく，周到な準備が必要である。独立を正当化するイデオロギー構築ならびに軍事力の強化がまず前提条件となる。前者については，17世紀にスペイン・オランダ勢力を駆逐して「鄭成功王国」を20年間維持した独立の前歴がある。あたかも，現在のイスラエル国家が紀元前10世紀，ダビデ王がイスラエル国家を建設した経緯と相似している。後者については，民進党政権が成立して，成長率が低下し貯蓄過剰の状態が生じた。その理由は少数与党であった民進党政権

が野党と協調すべきところを，独立志向のため両岸関係の緊張と戦争の危機をはらんだためと説明されている[4]。しかし，その事実は台湾経済が成熟段階に達した現象を意味している。台湾内部の貯蓄過剰は政府が吸い上げて，軍事力の強化に支出すべきであった。ソマリア海賊対策に中国は逸早く護衛艦隊を派遣したが，台湾は自前の護衛艦隊を派遣できず，中国に守ってもらう結果を招いた[5]。

台湾住民が希望する「現状維持」は米中協調（G2）時代を築いた中国の巧妙な「一国両制」政策によって事実上不可能となってきた。オバマ米政権は台湾を軍事的には支援しないと考えられる。そうなれば，台湾は自力で中国と戦い，米国などの調停を引き出す戦略しか残されていない。しかし，台湾には中国との戦いを支えるに充分な軍事力の強化は達成できていない。

2009年4月22日夜，台湾の馬英九総統は米国戦略国際問題研究所（CSIS）主催のシンポジウムにテレビ会議方式にて参加した。彼はアーミテージ元米国務副長官の質問に答えて，「我々は台湾海峡の軍事バランスの均衡を維持する必要がある。そのため，米国に戦闘機F16CDの売却を希望する」と述べた。彼は中国との経済協定締結の必要性を強調した上で，「米国との自由貿易協定（FTA）締結を望む」と語った[6]。以上の馬英九総統の発言は現状では実現の見込みはない。中国の取り込みに懸命なオバマ米政権が受諾する可能性はないからである。

他方，2009年3月上旬に北京で開幕した第11期全人代第2回大会では，温家宝総理が政府活動報告の中で台湾について軟化した姿勢を示した。彼が台湾との「平和協定」実現の可能性にまで触れている[7]。しかし，台湾側は台湾向け弾道ミサイルの撤去を協定交渉の条件としている。それに胡錦濤主席が人民解放軍の人事に影響力を強めたと仮定しても，2012年秋の党大会開催時には党総書記と中央軍事委員会主席も退任する見込みであるから，実現の可能性は乏しい。ただ，2012年3月に予定されている台湾総

統選挙で馬英九総統の再選が実現したとき，彼は台湾向け弾道ミサイルの撤去を条件とせずに平和協定締結交渉を始めるかもしれない。

# 3. 米中協調下での台湾の出口

　台湾政府行政院は2009年上半期に大型バイオファンド（600億台湾元）や国家バイオ産業育成センターの設立など，4大重点計画を推進している。さらに，政府経済部の「新鄭和計画」による海外市場拡大ミッションに林経済部次長を団長として，70社の企業から100名余りの代表とともに2009年3月6日に南米へ市場視察に出発した。また，同日には劉兆玄・行政院長が両岸経済協力枠組（ECFA）に関する協定は「3項目不要，3項目要（3つのノーと3つの必要）」原則を堅持すると宣言した。すなわち，「台湾主権を矮小化せず，農産品の輸入を解禁せず，中国籍労働者の来台就労を解禁せず」の3つのノー。3項目不要。関税問題を解決し，東南アジア諸国連合（ASEAN）または他の国と経済貿易関係を構築し，世界貿易機関（WTO）の方針下で争議を棚上げする。3つの必要。3項目要。そして，経済部に新たに経済貿易特区の計画案を提出する。この特区では営業所得税を単一税率の15％まで引き下げ，外国人労働者の給与を台湾内部の基本給与の基準と分離し，外国人労働者の採用率を自由貿易港区の措置に照らして40％まで緩和する見込みである。さらに，交通部と財政部は外国籍旅客の購入した特定商品の営業税の還付実施弁第2条を改正し，今後，外国籍旅客が台湾で購入した商品は日用品だけでなく，「商業目的の商品」にも還付される方針を固めた。

　欧州系保険会社が台湾から撤退し，規模を縮小しつつある。日本の第一生命は2008年末，新光金融持ち株会社に80億台湾元を増資して出資比率を高めた。また，SONY生命が拠点設置を申請するなど，日系企業が台湾で地盤を固めている。香港系の香港上海銀行（HSBC）は10億台湾元を投じ

て，台湾に子会社となる銀行を設立する見込みである。

　台湾政府・行政院は不況対策として2009年の公共工事に過去最大の5,996億台湾元を計上する。そのうち，工事費用は5,703億4,500万台湾元を占める。民間の建設業者，コンクリート，製鋼などの産業に商機をもたらすと見込まれている。

　台湾中央銀行が2009年3月5日の発表した外貨準備高は対前月比15億ドル増加の2,941億8,700万ドルとなった。世界ランキングでは中国，日本，ロシアに次いで第4位を維持した[8]。

　台湾経済は現状では，世界金融経済恐慌の影響をそれほど深刻に受けず，小康状態を維持している。

## 4. 現状維持の時間競争

　台湾政府の現状維持政策は現在のところ，成功している模様である。この現状維持が中国側か台湾側かいずれかの側に「吉」と出るか。台湾側の民進党がもっと政治的に成熟して独立を表面に出さず，中国との距離を維持しながら，大陸中国を挑発せずに経済成長政策を続けていけば，結果は「吉」と出よう。すなわち，大陸中国では共産党の一党独裁が維持できなくなり，地方で反乱や分離運動が活発化した場合には，台湾側の現状維持策が成功したことになる。

　筆者は後者の見解に傾くが，民進党が台湾の経済振興策に力を入れない限り，政権交代が実現しても現状維持のバランスは崩壊する。

　野党となった民進党は2008年1月の立法委員選挙で全113議席の4分の1にも達しない27議席しか取れず，総統選挙でも41・5％の得票率しか獲得できなかった。同年5月，民進党は党主席選挙を行って，民進党政権当時に大陸委員会主任委員，行政副委員長の要職を務めた蔡英文女史を選出した。同女史は学者，女性，清新なイメージであることに加え，政務官の

経歴を経てきた。彼女は再生を図る民進党にとって最適の人選と思われたが、党務の経験に欠けるのが難点とされた。

　2008年8月、陳水扁前総統は選挙資金の余剰金を違法に海外へ送金した疑惑から、同年12月には「公金横領」「詐欺」「収賄」など複数の罪状で起訴され公判が始まった。民進党中央には党内の前総統支持派と放棄派に挟まれ、明確な対応を出せないでいる。蔡主席が率いる民進党中央が陳氏を見捨てれば、急進的な台湾独立派や陳水扁支持派が強い反発を引き起こして、党内分裂の危機を招く。陳氏擁護の立場に立てば、「公正・正義・クリーン」を全面に打ち出し、中間層の支持を失ってしまう。民進党中央は検察の不公正な捜査、取調べおよび人権の立場から陳氏を擁護する態度を取り続ける模様である。

　今後は2009年末に実施される県市長選挙を含む地方統一選挙において、台北県長をはじめ前回の選挙で敗れた県市の「失地回復」を実現する。その上で2012年の総統選挙に勢いをつけるのが目標となっている。すでに、2009年2月14日と同月28日に行われた立法委員選挙の補選では、国民党退潮の兆しが現れている。まず、2009年3月14日に苗栗県第1選挙区で行われた選挙結果では、無所属候補の竹南鎮町（日本の町長）の康世儒候補が国民党候補の陳鑾英候補を得票率で1.98％という僅差で勝利した。2週間後に行われた台北市第6選挙区補選では、国民党候補蔣乃華氏が得票率48.91％で民進党および新党候補を退けて当選したが、前回の立法委員選挙で李慶安前委員が獲得した得票率に比べて約17％も少なかった。民進党は台湾の経済事情が引き続き悪化する中で、馬政権への批判票を取り込むことに幾分成功した[9]。

　民進党の蔡代表が「公正・清明・クリーン」のイメージを確立し、現状維持を望む台湾住民の意思を保持していけば、民進党政権は4年後に復活するに違いない。

# 5. 米中協調と台湾の将来

　台湾政府経済部は2009年7月1日から中国企業の直接投資を解禁することを決めた[10]。

　まず，製造業では64分野を含む。代表業種は次のとおり。
- パソコン・携帯電話・通信設備
- 白物家電
- 発電設備・電線・ケーブル
- 自動車・船舶・自転車
- ゴム製品・タイヤ
- 紡績（繊維・綿織物など）

サービス業は25分野に及ぶ。代表業種は次のとおり。
- 物流
- 卸売・小売
- 通信（電話をのぞく）

公共投資は11分野を含む。代表業種は次のとおり。
- 空港・港湾施設の一部
- 観光施設

なお，解禁を見送った分野は次のとおり。
- 半導体・液晶パネル・発光ダイオード（LED）・太陽光発電・鉄鋼
- 化学

　台湾の馬政権は中国大陸との経済強化を焦って，かえって重大な失敗を

犯した。

　2009年7月5日には中国の新疆ウイグル自治区でウイグル族と漢族との衝突が発生し，同自治区の首都ウルムチで180人余が死亡する大惨事となった。明らかに中国共産党の同自治区統治が失敗であったことを客観的に証明した。

　中国共産党は台湾に香港と同じく一国両制度を適用すべく，着々と手を打ってきた。香港が一国両制度を受け入れた途端，中国人民解放軍が進駐してきて，市民生活の自由は失われた。

　台湾の場合も2・28事件を経験している。中国大陸を追われた国民党が台湾住民を軍隊の力で弾圧した事件である。中国人には漢族優先の中華思想が根強く，異民族との融和よりも弾圧に傾きやすい。

　台湾の野党・民進党は経済を無視した早急な独立志向と前総統の汚職事件の故に，政権の座を失った。台湾が中国大陸と一定の政治・経済距離を維持しつつ，中国共産党の支配崩壊を待つ政策が最も賢明である。台湾の馬政権は国民党出身らしく，積極的に国共合作を進めようとしているが，それは大きな過誤を犯すものである。

　台湾は17世紀の後半（1661-82年），鄭成功による独立王国であった。それを侵略したのが満州族の清帝国であった。太平洋戦争の末期，日本はインド，ビルマ，インドネシア，フィリピンに独立を許与したが，沖縄戦の開始直後に台湾に独立を復活すべきであった。そうすれば，国民党が国共内戦に敗れて台湾に落ち延びる機会も失われたはずであったし，中国共産党が台湾の領有権を主張する根拠も消滅していた。

　台湾民衆の不幸は日本の政策失敗に基づくものであった。今後は日本が慎重に台湾を見守っていく必要があり，台湾企業と提携して中国大陸以外の新市場開拓を進めていくことが望ましい。

[注]

（1）「胡錦濤主席，台湾に6項目提案を発表」『交流』2009年1月31日号，23ページ。
（2）同誌，26ページ。
（3）「馬英九総統，2・28事件記念式典に参加」『交流』2009年3月15日号，21ページ。
（4）「台湾社会事情と両岸関係―財団法人海峡交流基金会江丙坤会長講演より―」『交流』2008年10月31日号，5ページ。
（5）「外洋作戦能力の強化を図る中国海軍―ソマリア海峡に護衛艦隊派遣―」『交流』2009年2月28日号，23ページ。
（6）「台湾総統，米にF16売却求める」『日本経済新聞』2009年4月23日，朝刊。
（7）「台湾の融和姿勢が鮮明化―全人代の政治活動報告―」『交流』2009年3月31日号，17ページ。
（8）「主要新聞記事要旨」『交流』2009年3月31日号，22-24ページ。
（9）『交流』2009年5月号，40-42ページ。
（10）『日本経済新聞』2009年7月1日，朝刊。

# 第4章

# ロシア経済は復活するか

# 1 ロシア経済と金融危機

　ロシア経済は1998年のロシア金融危機の収束以降，原油価格の上昇とともに2008年夏頃まで目覚ましい成長を続け，名目国民総生産（GDP）は米国，日本，中国，ドイツ，フランス，英国，イタリアに次いで現在世界第8位となった[1]。実質GDP成長率は1999年から2008年までの10年間において年平均6.9％の高いプラス成長を続けてきた。こうしたロシア経済の活況は，石油・ガス価格の世界市場における上昇，その結果としての輸出額の爆発的増大によるものである。

　しかし，2008年7月下旬の資源価格の急落，8月のグルジア紛争，9月のリーマン・ショックを受けて，ロシア経済は急速に悪化した。グルジア紛争が発生した2008年8月には銀行部門からの資本流出が100億ドルを超え，その後も銀行部門，非銀行部門の双方から資本が流出し続けた。ロシアの代表的な株価指数であるRTS指数は，2008年5月に過去最高値を記録した後は一方的な下落が続き，2009年1月にはピーク時の約5分の1にまで落ち込んだ。

　ロシアの財政は石油・天然ガス関連収入に大きく依存しているため，資源価格の下落に伴う財政状況の悪化も著しい。財政収支は2008年通年では黒字となったものの，同年秋以降急速に落ち込み，2009年4月29日に大統領が署名した新予算法によると，2009年の財政収支はGDP比7.4％に及ぶ赤字の見通しである。財政収支が赤字に転じるのは，1999年以来10年ぶりである。しかし，ロシアの対外債務は，返済が進められており，ロシアが今すぐに対外債務不履行に陥るとは考えにくいと『通商白書（2009年）』は指摘している[2]。

　ロシア市場は，そもそも，株の少数者への集中，資源依存構造，不透明な所有権保護，脆弱な金融市場などの点で独自性があると溝端佐登史京都

大学教授は指摘している。このような独自性が、金融危機の加速・深化要因として作用し、株価の下落幅は世界的にみても大きく、危機は金融危機から実体部門まで浸透した。また、持続的な資本逃避、資源輸出への傾斜の強まり、国際金融と結びついた国内金融の面からも不安定性を増幅させており、問題は根深い。危機を招く不透明な所有構成や投機的な企業行動も危機の背後に存在する。合併・買収（M&A）を指向する大企業の経営戦略は投機的である。ロシア経済は国家依存、不透明な所有と投機性が固有の特質として維持されており、それが金融危機を深化させた[3]。

このように、資源輸出に依存するロシア経済の失速ぶりが問題視され、最近ではBRICsからのロシア脱落論まで見受けられる。それでも、ロシアとしては、2009年6月にエカテリンブルクで実施された初のBRICsサミットのように、経済分野での存在感の誇示に躍起になっている。

## 2. ロシアをはじめとするBRIC諸国と日本の名目GDP

ロシアの名目GDPは、市場経済への移行後、少しずつ増加してきた。国際通貨基金（IMF）の予測によれば、今後2014年まで微増する。ロシアの名目GDPは1999年には世界の名目GDPに占める割合は0.6％に過ぎなかったが、2008年には2.8％まで上昇し、2014年には3.2％を占めるまでに成長することが予測されている。一方、中国の名目GDPは1999年3.5％から2008年には7.3％にまで伸び、さらに2014年には12.0％を占めるまでに成長し、2009年にも日本を逆転するとIMFは予想している。ロシアの世界の名目GDPに占める割合は伸びてきてはいるものの、中国ほどの地位を占めてはおらず、今後もそれほど大きな地位を占めないであろうとの予想である。とはいえ、同じBRICsのインドの名目GDPは、1999年1.4％から2008年2.0％、2014年には2.5％の予測であるので、ロシアと大差はない。むしろインドに比べれば、ロシアの名目GDPの方が高い。ブラジルの場合、

名目GDPは1999年には1.9％で，2008年には2.6％，2014年は2.4％の予測であり，インドとほぼ同等である。このようにみてくると，BRICsの中で，中国の成長が突出しており，ロシアはインドやブラジルと同じ程度でむしろ若干良い。

**図表4-1　BRICsと日本，米国の名目GDP**

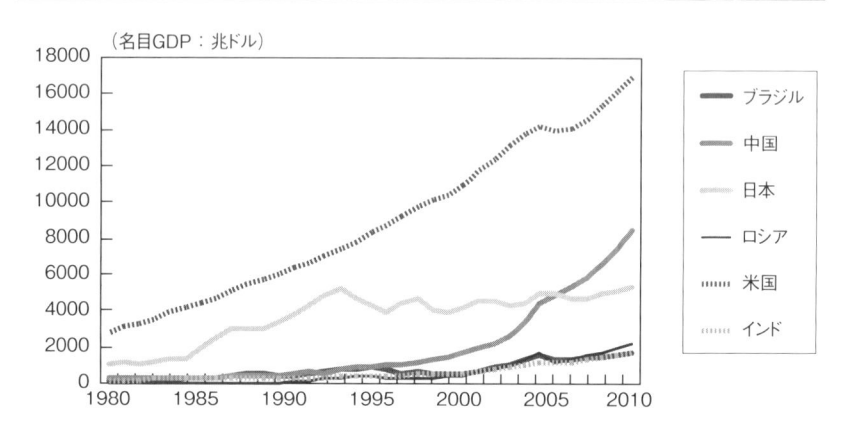

出所）*IMF World Economic Outlook Database April 2009 Edition*より筆者作成。

**図表4-2　世界の名目GDPに占める各国の割合**

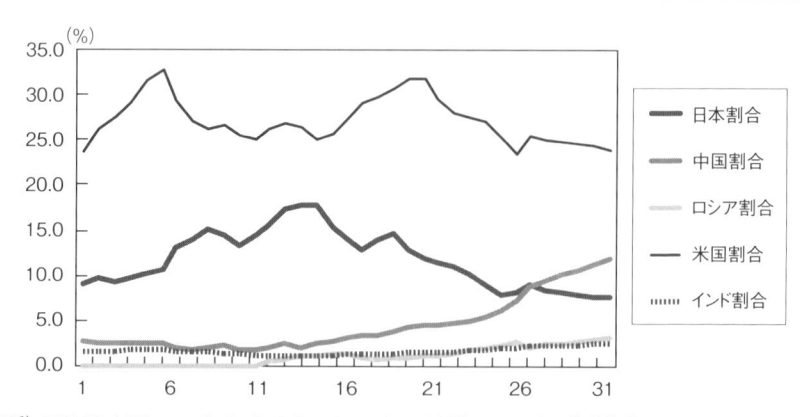

出所）*IMF World Economic Outlook Database April 2009 Edition*より筆者作成。

# 3. ロシアの経済構造

## 1. 天然資源に大きく依存するロシア経済

ロシアは、石油より二酸化炭素（$CO_2$）の排出量が少なく需要の拡大が予想される天然ガスの埋蔵量、生産量でともに世界第1位、石油生産量は世界第2位のエネルギー大国である。他にも鉄鉱石、レアメタル、木材など多くの天然資源に恵まれた巨大な資源国である。ロシアの輸出総額の約65％が資源関連で占められ、ロシア連邦予算の歳入の48％が石油・天然ガス関連の収入で占められるなど、豊富な天然資源に大きく依存した経済となっている[4]。

### 図表4-3　天然ガスの埋蔵量（2008年）

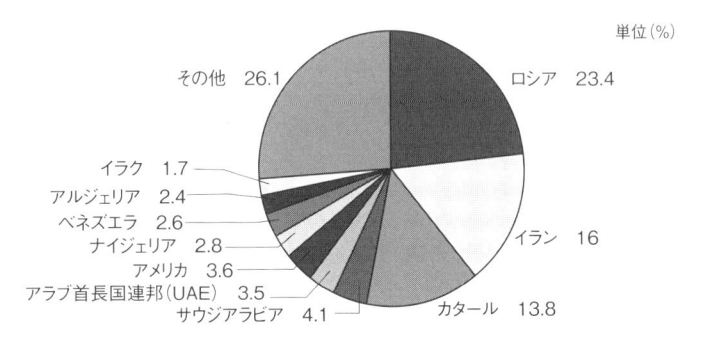

単位（％）

- その他　26.1
- ロシア　23.4
- イラク　1.7
- アルジェリア　2.4
- ベネズエラ　2.6
- ナイジェリア　2.8
- アメリカ　3.6
- アラブ首長国連邦（UAE）　3.5
- サウジアラビア　4.1
- カタール　13.8
- イラン　16

出所）BP, *Statistical Review 2009*から筆者作成。

## 2. 資源の呪いと経済構造の変化

ロシア経済は、エネルギー価格に左右される不安定な経済構造の変革は進んでいない。エネルギー価格の高騰は、ロシアにプラス効果ばかりをもたらすわけではない。「資源の呪い」（R.Auty）[5]という言葉があるよう

に，天然資源が製造業の活動を妨げ，それが成長を阻害することがある。資源が豊かであると，資源にからむ所得が比較的大きいため企業家のイノベーションへのインセンティブが弱く，それが低成長につながる。また，石油販売によって政府が十分な歳入を得られるために住民にあまり課税しなくてもすみ，その歳入を使って住民に温情主義的な歳出が可能である。その結果，反国家的な集団形成を抑制するので，民主主義が必ずしも住民から要求されない。また，資源が豊富であるがゆえに，民主化の前提となる職業の専門化，都市化，教育水準の向上といった社会・文化にかかわる変化が生じにくい。

　他方，アジア諸国の経済発展は，戦後の日本がその最も顕著な例であるように，製造業中心でもたらされた。資源のない国は，死に物狂いでイノベーションやコスト削減の努力を行う。そうする以外に，他国と熾烈な競争を行って生き残ることはできないからである。それゆえ，ロシアの発展モデルと「４つの竜」（韓国，台湾，香港，シンガポール），中国やＡＳＥＡＮ諸国などアジアの発展モデルとは明らかに異なっている[6]。

　21世紀に入ってからの原油価格の上昇は，ロシアの経済構造を大きく変えた。まず，原油・ガス価格，金属・非鉄金属の価格上昇はロシア経済の資源依存度をさらに強め，原油・ガスの対輸出額に占める比重は1998年の32％から2007年には62％に増加した。金属類を含めれば80％を超える比重になった。ロシアはこうした経済成長の中でモノカルチャー化を強めた。第２に，国家予算の原油価格への依存が強まり，財政赤字は大幅な黒字に転換した。資源関連の歳入比重が拡大し，原油価格がその大きさを規定するようになり，外貨準備高に極端な差がみられるようになった。1999年に比べ2008年は39倍増となり，2004年以降に設立された安定化基金も加わり[7]，ロシアの外貨保有は急増した。安定化基金は2004年１月に施行された基金で，原油価格の変動に伴う連邦予算歳入の変動を緩和するため，原油価格が相対的に高いときに基金に「超過歳入」を集め，原油価格の低下に際し

て，基金から歳入の一部を補うことで少しでも安定的な予算均衡をはかろうとするものである。これはレントという超過利潤に対する課税の一部を基金として蓄積して，天然資源の市況変動に伴う予算歳入の変化を軽減することをねらいとしている[8]。

# 4 ロシア経済の特質― 問題点 ―

## 1. オランダ病の危険性

　ロシア経済は石油・ガスなどの資源輸出に過度に依存しているので，オランダ病の危険性がたえずつきまとう。オランダ病とは，石油・ガスなどの資源輸出で外貨収入が膨らみ，ルーブルの実質レートを引き上げ，競争力のない産業，とりわけ，製造業が輸入品によって駆逐されるという現象をいう。ロシアにおいては，石油，天然ガスをはじめとする燃料や貴金属などの一次産品（鉱物資源）などの輸出資源が存在し，その輸出によって得られた外貨がある。それが大幅な輸出超過（貿易収支の黒字）となって，ロシアのルーブルを実力以上に押し上げる効果を発揮する。実質実効為替相場の上昇がロシアの製造業に追い討ちをかけ，安価で良質な外国の消費財が流入し，国内産業が敗北する。すなわち，ルーブルのあまりにも高い実質実効為替相場が，ただでさえ高い国内の価格をさらに高め，外国製品を安価なものとするために，労働生産性が低く，国際競争力の弱いロシア製造業の市場を狭める役割を果たす[9]。ロシア経済は競争力のきわめて高いエネルギー産業と競争力のきわめて低い製造業という二重経済となっており，これまでも重症のオランダ病に侵されてきた[10]。

## 2. 「国家資本主義」の強化

　ロシアの国家資本主義の本質は，2000年に就任したプーチン大統領が築

き上げてきた巨大な権力機構と，原油高の中で巨額のオイルマネーをもたらした石油・天然ガス産業など，国家の巨大な資金源となる資源産業の支配にある。具体的には2008年5月に戦略産業分野における外資規制を導入し，原子力関連産業，航空宇宙産業などと並んで地下資源の採掘に対しても外資を規制し国家管理を強めている。

　ソビエト連邦の崩壊後，エリツィン大統領が国営企業の民営化を推し進めたことで，国家資産をただ同然で手中に収め，巨万の富を築くオリガルヒ（寡占資本家）が次々と誕生した。資源などの基幹産業を押さえたオリガルヒは，大統領の政策や大統領選挙の勝者を決めるほどの力を握った。この状況をプーチン大統領が変えた。プーチン大統領は，国家権力の意に沿わない一部のオリガルヒを国家資産の略奪者と批判し，いったん民間に解き放たれた資源などの産業を再び掌握する闘いに乗り出した。2003年にはロシア最大となった石油会社のオーナー，ホドルコフスキー氏を脱税などの容疑で逮捕。オリガルヒが所有していた油田や精油所などの資産は，事実上，国が没収したかたちになった。世界最大のガス会社・ガスプロムでは，オリガルヒが牛耳っていた経営陣に，現大統領のメドベージェフ氏ら腹心を送り込み，オリガルヒを追放。再び国家の管理下に置くことに成功した[11]。

## 3．資産の国外流出

　資産の国外流出が止まらないのは，個人も企業もロシア国家を信頼していないことが根底にある。個人も企業も安全保障に対する不安がある。資本主義的法制度は施行されても，その運用は政治家，官僚，民間人の間の贈収賄で歪められ，それを裁く裁判制度も正義から程遠い。ソ連時代の「ノーメンクラトゥーラ」が勢力を温存させている。「ノーメンクラトゥーラ」とは，旧ソ連の共産党・政府の特権階級を指す。ロシア国家には多くの資源が存在したので，個人による窃盗は大きな被害を国家にもたらし

た。企業経営者や所有者は，個人の利益の追求のみを優先するという「自然人経済」（ナノ経済）が出現している。

たとえば，オリガルヒらは会社資産を個人資産として海外に移している。アルミ王デリパスカ氏，英人気サッカーチームのオーナーでもあるアブラモビッチ氏とウスマノフ氏らは，傘下の国内企業から配当を受け取り，キプロスなどタックスヘイブン（租税回避地）のオフショア法人に資金を送金して資金を移転させている。純利益の総額を上回る配当を出すケースもある。オリガルヒ傘下の企業は成長するどころか疲弊して不良資産化しつつある。プーチン政権下でオリガルヒは政権に忠誠を誓う代わりに自由な活動を許された。政府は根幹のエネルギーへの支配を強める一方，オリガルヒには市場経済路線の推進者としての役割を与えた。しかし，ロシアでは製造業が育たず，輸入に頼る消費大国の様相を強めている[12]。

## 4. レントシーキングと腐敗の常態化

大量のレント（超過利潤）を国家および政治家，官僚，一部企業家が収奪するメカニズムが機能している。レントとは政治癒着や公的機関の介入・規則など競争が不完全な時などに発生する超過利潤を意味している。プーチン政権下に国家のレント収奪分が急増した。それが鉱物資源採掘税や資源に関する輸出関税などが連邦予算歳入の大幅拡大につながった。それ以前には私有化の過程で生まれたオリガルヒに多くのレントが奪われていたので，国家へレントが集中するのはいくらかの進歩といえるが，国家レントの使途を決定する主導権はスラブ派に握られており，政治家，官僚，企業家を巻き込んだ「癒着」が蔓延している。こうした腐敗が国全体に広がっている。非営利組織（NGO）トランスペアレンシー・インターナショナルによって公表されている腐敗認知指数をみると，ロシアは2008年には180カ国中147位までランクを下げている。中国の第72位よりもはるかにひどい腐敗状況である[13]。

さらに，元国家保安委員会（KGB）職員や元警官などの警備・保安サービスが生まれ，彼らは企業に「屋根」という安全保障サービスを提供する一方，契約関係遵守の保証，対立状況の解決，さまざまな組織上の問題に関するコンサルタントなどを法令等のルールを無視して行っている。彼らは，新規参入者の力による排除，脱税や債権の不正取立てといった行為に関与している。その背後には，現行の警察や連邦保安局といった安全保障機関との密接な相互関係がある。いわば，国家の一部がマフィアと化している。

　ロシアでは，私有化を急速に全面的に行ったため，腐敗がより深刻化した。ロシアには盗むべき国家資産が膨大にあるために，私有化は貧富の格差をより拡大させた。国家資産の窃盗・横領を行った者がオリガルヒとして国政にまで影響力を及ぼし，腐敗者が国家公認を受けているような雰囲気が醸成され，腐敗が常態化した。資本制経済の発展は私企業の創出・発展に大いにかかわっている。しかし，ロシアでは私企業を設立しようとしても，その登録において多くの規制が存在するばかりか，役人への賄賂が求められ，マフィアから「屋根」提供に対する対価を要求されるという事態がいたるところでみられるようになった。この結果，私企業の設立には賄賂をはらわなければならず，これが腐敗の温床になっている。私企業設立後も，脱税が重要な関心事になると，そこでも腐敗が広がった[14]。

　ロシア政府は国の産業育成のために，政府の資産を無償で受け取り，国家予算からも資金を得る代わりに産業育成に取り組む使命を帯びる「ゴスコーポラーツィア（国策会社）」を設立した。その代表は2007年に創設されたロステクノロジー社であり，自動車最大手やチタン世界最大手などを次々に傘下に入れた。これは政府の管理下にあるが，国営企業より独立色は強い。しかし，経営報告書を公表せず，不透明な資金の流れと経営の非効率さだけが目立つ。こうして官民の一部エリートが国から富を奪っていくびつなシステムをつくり上げたプーチンが今も首相として君臨し，メ

ドベージェフ大統領は問題を認識しながらも抜本的にメスを入れることはできていない[15]。

## 5. 脆弱な金融市場

　ロシアの金融セクター，とくに銀行部門は脆弱であり，ロシアの経済発展の中で果たす役割が小さい。そのため，資金が回らず，資金繰りを急速に悪化させるという形で，生産部門にも大きな影響を与えた。ロシア経済は2006～2007年には資金が潤沢となった。これは，外国から借り入れられた資金によるもので，銀行部門が脆弱であるという問題が解決されたかのような様相を呈していた。しかし，実際には，生産部門にきちんとした融資のできるような銀行はそれほど育っておらず，企業が融資をきちんと返済するという金融秩序ともいうべきものも確立されていなかったことが，金融危機の2008年下半期以降，露呈された[16]。

　これまで，ロシアの企業や銀行は2003-2004年以降に，油価の上昇によるロシア経済の高揚を背景に海外からの資金調達を拡大させてきた。主力企業がその債務者であり，ガスプロム，ロスネフチ，外国貿易銀行，民間ではUCルサール，セヴェルスタリなどほぼすべての大企業・銀行が海外から資金を調達していた。大部分の企業・銀行は国家のそれか国家とつながりのあるもので，主にM&Aを目的とした資金調達であった。企業・銀行は自己の株式を担保にこの融資を可能にした。ところが，証券市場において株価が下落すると，担保価値は一挙に低下してしまい，債務保有者は不足分を積み足すか，株の売却を余儀なくされる。マージンコールが求められ，危機は銀行間の未払いをもたらし，不良債権化した[17]。

# 5 アジアへ向かうロシアのエネルギー戦略

## 1. アジアへ向かうエネルギー戦略の背景

　このように，豊富な天然資源に恵まれていること以外には課題が多いロシアであるが，自国の強みであるエネルギー分野でアジア方面への進出を強化しようとしている。『2020年に向けたロシア・エネルギー戦略』（2003年8月公表）では，2020年までにロシアの原油輸出の30％（2005年段階で4％実現），天然ガス輸出の15％をアジア太平洋市場に供給することが目標値として明記された。そうした背景は伊藤庄一環日本経済研究所主任研究員によると，以下のとおりである[18]。

　第1に，これまでロシア産原油の7割以上，天然ガスの9割以上は西シベリアで生産されてきたが，その西シベリアの生産ポテンシャルが次第に陰りをみせ始めている。1990年後半以降，西シベリアの新規開発井はもはや小規模化しており，探鉱の投資リターン率が悪化しつつある。つまり，ロシアにとって東部地域開発はそれだけ重要性が増している。とくに原油生産に関し，時間的にも深刻度が増しており，西シベリアの減産分を補填する意味で，東シベリアの新規油田開発への期待が高まりつつある。現状では，原油確認埋蔵量の約7割が西シベリアに集中しており，東シベリアと極東は各々3.2％，0.2％を占めるに過ぎない。その成否はロシア経済の将来にとって重要である。つまり，ロシアがエネルギー資源輸出偏重型の経済構造を脱却できない以上，国家財政の安定にとって，原油や天然ガスの長期的かつ安定した生産能力の確保は死活問題である。ロシア政府は昨今，経済構造を多様化し，原油や天然ガスの国際価格に右往左往される経済システムの改革を図るために，経済構造改革を推進するためにも，エネルギー資源輸出による財源の安定化が必要である。

第2に，21世紀における世界最大のエネルギー市場は，とくに中国の経済成長が牽引するアジア太平洋地域である。ロシアにとっては，最大の外貨獲得源である石油・天然ガスの輸出増大，そのための安定した消費者市場の確保を目指す上で，エネルギー需要が急増する中国への販路拡大は魅力的である。

　第3に，ロシアが地政学的利益を確保する上で，歴史的な相互不信が根強い中国に臨む自国東部地域（東シベリア，極東）の経済的後進性を克服する必要性がある。中国は，ロシアのエネルギー政策において，今後ますます地理的な重要性が高まらざるを得ないロシア東部地域と隣接している。同地域の経済開発を推進する上で，中国が大きな鍵を握る。楽観的シナリオによれば，2010年から2020年の間にロシアのエネルギー総生産高において東部シベリアおよび極東が占める割合は，原油が2％から20％，天然ガスが8％から15％へと増大することが期待されている。

　第4に，ロシアにとって従来から最大のエネルギー輸出先であるヨーロッパ諸国に対し，「アジア・カード」をちらつかせることにより，価格交渉面で有利な立場を確保する狙いがある。

　また，2009年2月には，ロシア初の液化天然ガス（LNG）プロジェクトである「サハリンII」が稼働を開始した。同プロジェクトには日本企業が参加し，天然ガスを液化してタンカーで輸送することが可能となり，同年3月には最初の日本向け出荷が行われた。同プロジェクトの始動によって，これまで欧州に限定されていたロシア産天然ガスの販路をアジア大洋州地域に広げることができるようになった。

## 2. 中ロ関係におけるエネルギー協力の潜在性

　ロシアは経済成長を維持していくためにもエネルギー資源の輸出増大を図りたい。エネルギー消費量が急増しつつある中国との間には相互補完性がある。エネルギー関連プロジェクトがもたらす巨額な投資・貿易規模を

鑑みると，エネルギー協力こそが中ロの経済関係を加速度的に強化する最大要因となり両国の政治関係を補強する近道である。

　他方，中国側にとってみても，自国のエネルギー需要を長期的に満たす条件づくりは喫緊の国家課題である。現在，中国政府は，石油の戦略的国家備蓄制度の導入やLNG基地の建設を急ぐ一方，ロシア，中央アジア，中東，アフリカ，南米などグローバルな規模でエネルギー資源へのアクセスを加速化している。しかし，国際舞台でのエネルギー権益の獲得をめぐっては，欧米メジャーとの厳しい競争にさらされている。さらに米国を中心として「中国脅威論」が再び高まりつつある中，海路による石油や天然ガスの輸入は，いざという場合の海上封鎖の可能性を含め，軍事的利害衝突に左右される危険性を究極的に秘めている。これらの条件を鑑みる場合，地理的に隣接し，原油や天然ガスの埋蔵量が豊富なロシアから陸路のパイプラインを確保することは一つの対策となる。それによって安定的なエネルギー供給システムが長期にわたり構築されるならば，中国のエネルギー安全保障に大きく寄与することになり，両国は供給国と消費国間の協力関係に基づく戦略的パートナーシップを強化することにもなりえる[19]。

## 3. ロシアの対中エネルギー協力上のジレンマ

　中国経済の急成長や潜在的巨大市場を念頭におき，また国際舞台におけるロシアの地位向上を図ろうとする際，中国との安定した関係の維持はロシアにとってかかせない。しかし同時に，ロシアが対中関係の深化を計ろうとすればするほど，中国に対する地政学的利益を損失する懸念を抱かざるを得ない。ロシアにとって，ロシア東部地域のまばらな人口と経済的後進性は潜在的な弱点となっている。

　ロシア極東の地政学的利益を保持しようとするならば，地域経済のインフラを整備し，本格的な発展を図らなければならない。その際，ロシア極東やシベリアにおいて経済的に最も比較優位が認められるのは，エネルギ

ー資源の生産・輸出である。中国は，ロシアにとってエネルギー資源の輸出を含め最大の潜在的市場である。つまり，ロシアにとって，ロシア東部地域の地政学的利益を堅持しようとすればこそ，対中エネルギー外交を積極化しなければならない。ロシア側が東部地域における中国の影響力拡大によって地政学的利益がおびやかされかねないと捉える事象は，経済的プレゼンス拡大と人口圧力の問題である[20]。

## 4. ロシアとアジアとの統合と深化に向けて

　ロシアはヨーロッパにもアジアにも属している。ロシアにとってアジアは脅威でもあり，同時に将来有望な市場でもある。ロシアは，ピーター・ルットランド米国ウェスレヤン大学教授によると，欧州との統合という幻想を捨て去り，米国の影響を軽減する意味も含めて，アジアとの関係強化に向かい始めた。他方，成長を続けるアジア経済は，国内のエネルギー資源，兵器，機械・機器に対する需要の高まりと相まって，ロシアと利害が一致する。

　ロシアは，ヨーロッパとの間の貿易に依然として大きく依存している。ロシアの輸出の6割をEUが占め，輸入ではEUが46％を占める（2007年）。貿易の半分以上，そして対ロ投資の大半を支えるEUとの関係は重要である。貿易総額でアジア諸国の占める割合は少ないが，今後数年にわたってアジアとの貿易が急速に拡大することも見込まれている。過去10年でアジアは世界経済で主要な地位を占めるようになり，今後もその存在感が増大し続けるとの共通認識もある。ロシアとアジアとの経済協力は，この現実を受け入れる意味でも加速させる必要がある。

　ここ数年間の経済的，戦略的潮流によって，ロシアはアジア諸国との統合と深化に向かっている。しかしこれは，依然として欧州の大国としての自負をもっているロシアにとっては，政治的，心理的に一つの賭けである。ロシアは，アジアや欧州との経済統合を通じて国家安全保障問題を解

決しようとは考えていない。ロシアは，むしろたくみにバランスをとることで欧州・アジアとの経済関係を強化し，結果的にロシア経済の成長につなげようとしている。ロシアがシベリア産石油を中国や日本に輸送するパイプラインを建設し，より一層統合・深化に向かったとしても，契約が遂行されるまでにはなお数多くの経済・政治的障壁が残されている。ロシアと中国の政治・経済的安定は，いまだに不透明である。しかし同時に，ロシアの貿易の4分の3以上をヨーロッパ諸国が占めている現状を考慮に入れる必要がある。ロシアがアジア諸国との間で協力を深化させたとしても，それは必ずしも欧米諸国との関係悪化につながるわけではない。そこで重要な役割を果たすのは，エネルギー資源である。ロシアは資源に恵まれ，中国，韓国，日本には需要と資本があり，日本には最先端技術がある[21]。

## 5. ロシアの東アジア重視

2009年3月にサハリン2・プロジェクトから日本向けのLNGの出荷が始まった。その輸入量は2007年のLNG年間輸入量の約7.2％に相当する。2月に実施されたプラント施設の稼動式典で，メドヴェージェフ大統領は「この事業により天然資源の世界的供給者としてロシアの地位を強化する」と述べた。日本としても資源供給源の多角化という観点からロシア産の化石燃料の輸入には前向きであり，ロシア産資源に対する日本の依存度は増加する傾向にある。ロシアからの化石燃料の輸入に関しては韓国なども関心が高く，アジアにおけるロシア産資源の潜在的な需要は高い。

ロシアは，兵頭慎治防衛研究所主任研究官によると，2012年のアジア太平洋経済協力会議（APEC）サミットに向けて，東アジアをより一層重視する姿勢を強めていくことは疑いない。しかし，ロシアの東アジア重視は，現時点においては経済・資源協力などの実利分野にとどまっており，東アジア地域に対するロシア外交の優先順位に変化をもたらすものにはなりえないであろう。それでも，東アジアのリージョナルな国際関係を切り

取って考えた場合，東アジアにおけるロシアの立ち位置に微妙な変化が生じる可能性はある。多極世界がすでに到来しつつあるとの戦略環境認識から，中国との戦略的連携に対するロシアの政治姿勢が低下し，これとは逆に実利面において日本との関係強化を強める動きである。しかし，日中露の3カ国関係におけるロシアの立ち位置に若干の変化が生じたとしても，ロシアの東アジア外交における中国の重要性には大きな変化はないだろう[22]。

# 6. ロシア経済発展の鍵

## 1. 資源の戦略的活用に向けて

世界的にみると，エネルギー需要は世界的な人口増加と新興国の経済成長などで急増している。今後とも世界のエネルギー需要は増加することが見込まれており，原油や天然ガスの価格は中長期的に上昇する見通しである。ロシアは，2000年代以降，自国経済に繁栄をもたらした天然資源の重要性を強く認識し，その資源の戦略的活用に向けて動き始めている。

## 2. 資源管理の動き

世界各国で資源争奪戦が活発化する中，ロシア政府は2008年5月に戦略産業分野における外資規制を導入した。その中には原子力関連産業，航空宇宙産業などと並んで地下資源の採掘に対する外資規制も含まれている。また，近年，中央アジア諸国の資源がロシアを経由せずに欧州や中国へ向かうパイプラインを敷設する動きがみられる中，これに対抗するために，ロシアは中央アジア産天然ガスの買い取り価格を引き上げた他，中央アジア諸国との間に新規パイプラインの建設を進める取組みを行っている。天然ガスについては，毎年のようにウクライナとの間の価格交渉が難航して

**図表4-4　中長期的な資源価格のシナリオ**

| | | 輸入価格 | 2007年 | 2010年 | 2020年 | 2030年 |
|---|---|---|---|---|---|---|
| 実習ベース<br>(2007年価格) | 原油 | IEA平均<br>(ドル／バレル) | 69.33 | 100.00 | 110.00 | 122.00 |
| | 天然ガス | 米国<br>(ドル／Mbtu) | 6.75 | 12.78 | 14.57 | 16.13 |
| | | 欧州<br>(ドル／Mbtu) | 7.03 | 11.15 | 12.71 | 14.19 |
| | | 日本LNG<br>(ドル／Mbtu) | 7.80 | 12.70 | 14.52 | 16.05 |
| 名目ベース | 原油 | IEA平均<br>(ドル／バレル) | 69.33 | 107.34 | 148.23 | 206.37 |
| | 天然ガス | 米国<br>(ドル／Mbtu) | 6.75 | 13.72 | 19.64 | 27.28 |
| | | 欧州<br>(ドル／Mbtu) | 7.03 | 11.97 | 17.13 | 24.00 |
| | | 日本LNG<br>(ドル／Mbtu) | 7.80 | 13.63 | 19.56 | 27.16 |

備考：名目ベースの価格は2008年から年率2.3％のインフレと想定。
資料：IEA「World Energy Outlook 2008」から作成。
出所）『通商白書2009』

いるが，これは，ロシアがウクライナに供給する天然ガス価格を引き上げようとし，それにウクライナが抵抗することが要因となっている。これまで旧ソ連諸国に対しては，欧州向けの輸出価格を大きく下回る価格で天然ガスを提供していたが，その価格差も徐々に縮小する方向にある[23]。

## 3. 世界経済におけるウェイトを高める資源国としてのロシア

中長期的にみると，世界における資源需要は今後とも拡大が見込まれる。国際エネルギー機関（IEA）の世界エネルギー白書によると，原油価格は2030年までに実質ベースで122ドル／バレル，名目ベースでは206ドル／バレル以上になるとのシナリオが描かれている。また，天然ガス価格も原油価格と連動して上昇傾向となっており，資源をもつ新興国にとっては経済へのプラス材料となると考えられる（図表4-4）。

資源価格が上昇すれば，ロシア経済が成長することにつながることに異論はないであろう。

## 7 むすび

　ロシアは石油・天然ガスなどの資源が豊富であり，その生産・輸出によって経済成長を遂げてきた。しかし，ロシア経済は資本流出，石油価格の下落など外からのショックに傷つきやすく，モノカルチャーから脱却できない。ロシア経済は開発途上国のパターンに後退しているといわざるを得ない。石油・天然ガス資源あるいは武器輸出などに絡む，大量のレント（超過利潤）を国家および政治家，官僚，一部企業家が収奪するメカニズムが機能している。ロシア人は権威主義を受け入れるのに慣れており，問題は簡単には解決できそうにはない。ロシアの制度は，レントを国家および政治家，官僚，一部企業家が収奪しており，制度そのものが脆弱であり，その他の産業の発展が難しい。経済成長の源泉が欠如している。

　このようにロシア経済は構造的な問題を抱えている。ロシア経済は当面石油・ガスなどの天然資源価格に依存し続けることに変わりはないであろう。それゆえ，製造業をはじめとする幅広い産業分野で目覚しい発展を遂げる中国が世界経済において優勢となるであろうこととは対照的に，ロシアは，石油・天然ガスの価格に依存したままの経済であり続けるのではなかろうか。

　資源が豊富なことが「資源の呪い」として経済成長を妨げる説が数多く存在する一方，資源が豊富な米国やスウェーデンやノルウェーは発展を遂げ，民主化されている。資源が豊富であるからといって経済成長を遂げられないわけではない。ロシアの経済成長のためには，鉱区の発見，採掘，加工，販売などの過程を深く研究しそれが他の産業分野の発展に寄与しえるような研究開発を促す政策をとり，そのための経済システムの構築が求められている。

　ロシアの強みである石油・ガスの分野で，ロシアは中国や日本，欧州と

相互に利益になる資源外交を展開し，国際的地位を高めていくより他に経済発展の道はないのではなかろうか[24]。

※本節執筆にあたり，平成21年度科学研究費補助金基盤研究C課題番号21530446の研究費補助金の助成を得た。

[注]
（1）*IMF World Economic Outlook,* Apr. 2009。
（2）『通商白書2009』。
（3）溝端佐登史「ロシアにおける金融・経済危機と市場構造」『公民論集』第17号，大阪教育大学公民学会，2008年，67-68ページ。
（4）2008年の歳入構造は，ロシア連邦国家統計庁HPによると石油・ガス関連収入47.3％，その他収入52.7％である。
（5）Auty, M.R., *Sustaining Development in Mineral Economies: The Resource Curse Thesis,* Routledge.「資源の呪い」（resource curse）の概念を最初に提起したのはイギリスのランカスター大学教授のRichard Autyである（栗田英幸［2007］開発主義の支店からの「資源の呪い」理論の再整理—「資源の呪い」研究の課題」『国際比較研究会ワーキング・ペーパー集』国際比較研究会，1993年3月。
（6）木村汎・袴田茂樹編著『アジアに接近するロシア：その実態と意味』北海道大学出版会，2007年，はじめにviiページ；塩原俊彦『ロシア資源産業の「内部」』アジア経済研究所，2006年15-18ページ。
（7）2003年12月23日付連邦法で，予算法典に「ロシア連邦安定化基金」の創設が追加されることになり，2004年1月からの施行に伴って，同基金が2月に設置された。（塩原，前掲書，11ページ）。
（8）塩原，前掲書，11ページ。
（9）佐藤芳行「ロシアの製造業における価格調整と産出量の変化—「オランダ病」，企業の財務状態および投資に関連して—」『新潟大学経済学年報』第32号，2008年。
（10）塩原，前掲書，6-10ページ。
（11）NHK取材班『揺れる大国プーチンのロシア』日本放送協会出版社，2009年，29-30ページ。

(12) 『日本経済新聞』2009年9月15日，9月16日。
(13) 塩原，前掲書，207-208ページ。NPOトランスパーレンシー・インターナショナルHP（http://www.transparency.org.）2009年12月20日アクセス。
(14) 塩原俊彦『ロシア経済の真実』東洋経済新報社，2005年263，266ページ。
(15) 『日本経済新聞』2009年9月15日，9月16日。
(16) 田畑伸一郎「世界金融危機とロシア経済の現状」『Erina Report』Vol.90, 2009年。ある国の金融経済の発展度を計るのに，「金融深化度」という指標がある。これは，ある時点の通貨流通残高（たとえば預金・預金通貨に加えて定期性預金等の額も含めたM2）を，当該時点を含む一定期間（たとえば，その時点までの過去1年間）のGDPで割った値である。IMF資料から「金融深化度」を計算すると，ロシアの金融深化度は日本と比較して小さく，東欧先進国の指標と比較しても大変小さい。このことは，ロシアの金融システムの後進性を表していると一応考えてよい。金融が外国に依存している点が問題である（上垣彰報告「金融危機・石油価格下落下のロシア経済」（2009年ロシア東欧学会全国大会））。
(17) 溝端，前掲論文，48ページ。
(18) 伊藤庄一『北東アジアのエネルギー国際関係』東洋書店，2009年，4-7ページ。
(19) 伊藤庄一「第5章 中ロエネルギー協力関係」木村汎・袴田茂樹編著『アジアに接近するロシア：その実態と意味』北海道大学出版会，2007年，100-102ページ。
(20) 伊藤，同上論文，107-108ページ。
(21) ピーター・ルットランド「第2章 ロシアのアジアにおける役割：統合と深化に向けて」木村・袴田編著，前掲書，31-34，47-48ページ。
(22) 兵頭慎治「金融・経済危機がロシアの内政・外交に与えた影響」2009年ロシア・東欧学会年次大会共通論題報告，2009年，9-11ページ。
(23) 『通商白書』2009年。
(24) 中津孝司「メドベージェフ新政権とエネルギー資源ビジネス」『ロシア・ユーラシア経済―研究と資料―』No.913, 2008年，参照。

# 第5章

# 米印パートナーシップは機能するか

# 1. インドの民主主義

インドは独立以後60年を経たが,一度も軍部のクーデターもなく,議会制民主主義を堅持してきた。広大なインド亜大陸を2カ月もかけて投票を続けるという気が遠くなるような民主主義を維持してきたのは,新興独立国家の中で類をみない。

このインドの議会制民主主義に価値を共有することに大きな意義を認め,21世紀の米印協力に活路を見出そうとしたのがテレジタ・シー・シャッファーの『21世紀におけるインドと米国―協力関係を再構築する―』(2009年,戦略・国際研究センター出版局)である[1]。

パキスタンの国内政治経済の不安定化が加速化するにつれて,インド・米国両国の求心性が強まる傾向を示している。著者は30年に及ぶ米国政府国務省勤務を通じて,スリランカ駐在大使,および南アジア担当次官補を歴任した。1998年以降,戦略・国際研究センター・南アジアプログラム代表であった。

本書は21世紀を迎えて,米印両国関係がどのような変貌を遂げたのかを検証する。

# 2. 米印関係の変化

インドはカシミール問題にみるように,2国間関係にこだわる傾向がある。米国のインドへのアプローチは多国間レベルを目指していた。米印関係の大きな変化はブッシュ米前政権2期目に訪れた。それは両国の原子力平和利用協力の開始であった。

すでに2004年1月から両国間では「戦略的パートナーシップの次期段階」(Next Step in Strategic Partnership:NSSP)を発足させた。両国の先

端技術貿易を促進するのが狙いであったが，民間原子力の規制と安全性問題，宇宙開発協力，先端技術取引の促進，以上の3分野に集中していた。2005年7月，両国政府はNSSPの完了を宣言した。インド政府は2005年に「大量破壊兵器及びその運搬システム・不法活動の禁止」法案を成立させた。それは米国および国際輸出規制と合致するものであった。しかし，米国の輸出管理手続きは技術的に複雑で，最初の利用者には理解し難く，この自由化の影響はインド政府および両国の産業界の認識の対象とはなり難かった。インドが原子力分野で孤立を続けている限り，輸出管理ならびに関連分野での進展は妨げられた。

米国は両国の原子力協力分野に集中することにした。ブッシュ政権第2期移行後6カ月が経過した2005年7月，インドのマンモハン・シン首相がワシントンを訪問し，両国首脳が劇的な民間原子力協力の開始を発表した。米国政府は国内法の必要な変更と国際機関慣行の修正を働きかけることを約束した。インドは軍事と民間原子力施設を分離し，民間原子力施設を国際安全基準の下に置き，国際原子力機関（IAEA）と追加的議定書を締結した。さらに，インドは米国政府と「核物質制限条約」を結び，濃縮・再処理技術をもたざる国に移転するのを差し控え，インドの輸出管理を「ミサイル技術管理体制」ならびに原子力供給国家群に対するそれと調和させた。そして，核実験の一方的な停止を続けることになった。

米国政府はインドに対して核不拡散政策の適用を先送ったが，中長期に亘ってアジアの紛争地域を抱えるインドの地政学的位置を考慮したからである。もちろんその場合，インドが世界最大の民主主義国家である現実を反映させた。ブッシュ前政権はインドに対して劇的な政策修正をしたのであるから，インドが国際的な核不拡散防止作業に参加してくれることを希望した。

インドの民間原子力開発の関心はエネルギー獲得の強い欲求に根ざしていた。2007年の同国原子力発電は総発電量の僅か2.6％であった。インド

の野心的な原子力発電計画でも2030年までせいぜい7％から10％のシェアを占めるに過ぎなかった。

2007年7月の米印原子力協定の採決はインド政府内与党の左翼政党が反対して一時凍結された。しかし，2008年7月には議会の信任投票に成功し，IAEA理事会が安全基準協定を許可したことで，米下院では2008年10月1日に最終立法化を完結した。

米印両国の宇宙協力については，インドの「インド宇宙研究機構（ISRO）」と米国の「国家航空・宇宙機構（NASA）」とが2008年2月1日，宇宙協力枠組協定に調印し，同年10月21日に発射されたチャンドラヤーン1月調査衛星の成功に寄与した。この月の地図を描き，鉱物資源を探る遠隔探査装置には米国製の超小型レーダーならびに月鉱物資源地図作成装置が積載されていた。

米印原子力協定成立後，インド政府は意図宣言を発表し，米国製造企業から最低1万メガワット（MW）の原子力発電装置を米国から購入すると宣言した。

インドの宇宙開発計画に対する商業的野心は米国の宇宙サービス分野と競合する危険がある。米印両国は各宇宙産業の商業機会を保護するのに懸命である。

## 3. 石油・天然ガス確保を目指す戦略

インドの石油確保は同国の安全保障と経済成長にとって死活を制する。2005年の同国エネルギー消費は石油換算で5億3,700万トンであった。その中で最大のエネルギー源は石炭である。インドの商業エネルギー利用の53％を占め，大半は発電用である。石炭利用のほぼ90％は同国で生産される。

第2番目は同国の商業用エネルギー利用の34％を占める石油である。そ

の総額の70％が輸入に依存している。2030年にはそれは90％に達すると予想される。インドの多くの都市ではタクシーやバスは圧縮天然ガス（CNG）の利用に転換されているが，運輸部門では石油は重要である。天然ガスは商標用エネルギー市場で8％弱を占めるに過ぎない。しかし，その輸入は現在の7％から2032年には49～58％に達すると予想される。

インドのエネルギー産業を支配するのは国営企業である。「オイル・ナショナル・ガス・コーポレーション（ONGC，インド国営石油会社）」は原油探査と生産の企業である。それはインド国内で最も利益を上げる企業であって，インドの石油・天然ガス生産の78％強を占める。インド国内の製油所の過半数を所有するのが「インディアン・オイル・コーポレーション（IOC，インド石油）」であって，世界最大の石油企業の一角を占める。「インド・ガス機構（GAIL）」はインドのガス輸送・販売企業であって，両国の高利益10企業の一角を占める。このONGC，IOC，そしてGAILがインド政府公的企業の王冠3社となっている。

インド政府はこれら3企業を主軸に国際エネルギー政策を展開してきた。それは国営エネルギー企業が主要な担い手であり，輸入市場が中東・アフリカに集中している点で中国との競合性が非常に強い。インドの石油輸入は中東・およびアフリカで92％強（2004-2005年）を占めていた。これをさらに分散化し，より一層供給を保障する。そして，長期の外国供給業者と契約を結び，国際エネルギー上流資産に所有権を拡大し，エネルギー生産企業との関係を密接化すべく，インドの石油精製能力を利用して石油製品を輸出する戦略が立てられた。

ところが，液化天然ガス（LNG）の長期輸入契約を締結できたのは中東のカタールのみであった。天然ガスの長期供給を確保する有効な手段はパイプラインの敷設である。しかし，それはイラン・パキスタン・インド，さらにトルクメニスタン・アフガニスタン・パキスタンなどの構想はいずれもパキスタン経由が障壁となって消えた。インドが積極的に提案し

たのがバングラデシュを通過するミャンマーの天然ガスパイプライン敷設構想であった。それはバングラデシュの反インド政治環境と中国の対ミャンマー天然ガス政策が妨げとなった。とくに，ミャンマーに関しては，インドのONGCおよびGAILがミャンマーのシュウエ天然ガス田に30％の権益を所有していたにもかかわらず，中国がミャンマーに長期の人民元借款を供与して，中国に天然ガスを売却させた。しかも，中国へのパイプライン建設が計画されている。

# 4 インドの新しい国際関係

　インド国内のエネルギー供給が好転しつつある。天然ガスの開発を進める民間企業リライアンス・グループへの政府支援が必要なのに，インド政府部内の意思統一が固まっていない。それと，炭層ガスの開発にも着手して，石油・天然ガスの輸入依存を軽減する努力が必要である。今後は原発建設が進行していく。
　折しも，2009年11月6，7日両日に東京で開催された日本・メコン首脳会議にミャンマー軍事政権のテイン・セイン首相が来日した。テイン・セイン首相は日メコン会議でタイ，ラオス，カンボジア，ベトナムと地域開発で協力する意向を表明する。ミャンマーは2010年に予定される総選挙によって，民主政権へ移行する方針である[2]。
　この劇的な変化は同国の民主運動指導者アウン・サン・スー・チー女史が欧米による同国の経済制裁解除を条件に軍事政権と対話を繰り返した結果なのか。あるいは，ミャンマーの天然ガス田に権益をもつインドが水面下で働きかけた効果なのか。あるいはまた，オバマ米政権がミャンマー軍事政権への経済制裁措置を変更して，対話路線に軌道修正したためなのか。2009年11月には米国務省のキャンベル国務次官補（南アジア・太平洋担当）もミャンマーを訪問し，同国軍事政権への本格対話への筋道をつけ

る見通しである。

　ミャンマー軍事政権の劇的な政策変更はおそらく，周辺の働きかけの総和であろう。ただ気にかかるのは1962年の中印国境紛争後に仮の国境線とした実効支配線を中国軍が破ったとの報道が続いていることである[3]。

　中国がミャンマーにおける経済権益を失うことへの報復と考えられる。中印両国首脳が話し合いを続けても，中国側は奪い取った支配を手放さないであろう。

　インド対外政策の今後の課題は米国との政治的・軍事的パートナーシップを強化し，中国のインド洋進出を抑止することにある。以上の意味でテレシタ・C・シャッファーの著書の刊行は米印両国関係の将来に先駆的意義をもつといえる。

　また，ミャンマー民主政権移行といっても，同国6,000万人の40％の少数民族が中国国境地帯に居住する。彼らが民主政権に直ちに協力してくれるかはわからない。インドがまず，バングラデシュとの関係を修復し，ミャンマーの民主政権を支援していく体制を固めていくことが望まれる。

[注]

（1）Teresita C. Schaffer, *India and the United States—Reinventing Partnership—*, Center for Strategic and International Studies Press, 2009.
（2）『日本経済新聞』2009年10月22日，朝刊。
（3）『日本経済新聞』2009年10月26日，朝刊。

# 第6章

# インド経済の影響力は強まるか

# 1 総選挙の結果

　7億2,000万人の有権者がほぼ2カ月かけて投票するインドの総選挙が始まった。今回のインド総選挙が世界的な関心事となったのはアジアのみならず，グローバルな超大国の存在感を高めつつある中国に対して，民主主義国家としてのインドが対抗勢力となり得るかといった問題であった。中国は選挙民の信任を受けていない一党独裁国家であり，第2次世界大戦後独立してから一度も軍部のクーデターを引き起こさず，議会制民主主義を堅持してきたインドの急速な経済成長が中国とは違った意味で注目の的となるのは当然であろう。

　インドは2007年4月-2008年3月には，日本の高度成長期である60年代半ばと同じ1人当たり国内総生産（GDP）は950ドルに達した。経済成長率は3年連続で9％を記録し，GDPは日本の約5分の1に接近した。IT（情報技術）技術者ら年収100万円の「新興富裕層」が支える内需は「中国に追いつき追い越せ」の原動力であった。

　日本企業も積極的にインドに進出した。ムンバイの携帯電話6位タタ・テレサービシズに出資したNTTドコモは5年で加入者を3倍にする戦略をめぐらす。第一三共，野村ホールディングス，ヤクルト本社，ユニ・チャームと進出業種も拡大した。2008年4月-12月の対内直接投資211億ドルは対前年同期比67％増加を記録した。アジアの他国に先駆け，1991年に通貨危機を経て対外債務を縮小したのも追い風となった[1]。

　しかし，2004年以降政権を担当してきた国民会議派政党に逆風が吹き始めた。インドの上流カースト政治家・外交官・企業人・経営コンサルタントおよび大学教授が滑らかな口調で語る「インド一流」が崩壊した事実である。それは高級サービスとグローバル化で世界を圧倒する企業を意味していた。しかし，その観測は農業，サービス，そして製造工業での改革不

足を見落としている。2004年以降，国内民間航空分野の開放を除いて市場改革はゼロであった。民営化の動きはなく，政府系銀行・保険会社，年金への政府株式の削減もなく，競争制限や補助金管理の改正もなかった。インドは巨大新興市場の中で最も保護主義的である。2003年の法律に明記された財政抑制策は吹き飛んでしまった。

経済不況によって政府財政赤字はGDPの10％を超えている。2008年に石油製品の統制価格が再導入された。予算外支出は農村雇用やエネルギー部門を支持する人気取り政策によって著しく増大した。現行の世界経済危機に対する政府の対応は高関税・反ダンピング課税および非関税輸入障壁を強化するだけであった。

これに対して野党ヒンズー民族主義を掲げる人民党（BJP, Bharatiya Jonata Party）の党首アドバニ氏は，推定270億ドルのいわゆる「ブラック・マネー」がとくにスイスの秘密口座にインドから毎年流入したと非難し，それを取り戻すよう有権者に訴えた。この非難に対して政府与党・国民会議派選挙調整官のジャーラス・ラメーシュ氏は，アドバニ氏の資料は根拠が薄弱で頼りない資料に依拠していると批判した。国民会議派党自身も人民党が与党であった2004年まで不法な資金流出を見逃していた事実を指摘した。人民党顧問団は国民会議派政権がドイツ政府から情報提供を受けながら，リヒテンシュタインに秘密口座をもつインド人の調整を怠ったと非難した[2]。

インドの急速な経済成長率・年9％を推進し，過去10年間新規雇用の45％を創出してきた情報下請産業は，2010年までの輸出目標600億ドルには達しないとマッキンゼーおよびインド情報技術産業支援団体ナスコムは予測している。また，インド中央銀行（RBI）は一連の金利引き下げにもかかわらず，市中銀行の貸出額は増えなかった。インド中央銀行は同国経済の2009年-10年成長見通しを6％に引き下げてしまった[3]。

インド下院の543議席のうち，150議席の比較多数を占めた野党が政権党

となる。その政権党は地方政党が関係ポストに群がってようやく272議席の過半数を形成できる。

　しかし，今回の選挙結果は国民会議派・与党連合の大勝利となった。262議席を獲得し，過半数には11議席追加すれば充分となる。国民会議派・与党連合は地方の友党を加えるだけで過半数を制することができる。続投を決めたマンモハン・シン首相は官僚出身から自前の政治家に成長できた。彼は遊説中，安定とインドの世俗価値を強調した。その上でヒンズー至上主義を掲げて，他宗教，とくにイスラム教に厳しい人民党を批判した。とくに，アユデアのバブリィ・マスジット寺院の破壊や2002年に約2,000人のイスラム教徒の命を奪ったグジャラート暴動を例に挙げて，人民党のアドバニ代表を切り返した。

　今回の国民会議派勝利の遠因として，ソニア・ガンジー総裁が2004年に著名な経済学者であり前財務相のシン氏に首相職を譲ったのが，インドの政治家では稀有の自己犠牲の発露として尊敬の的となったことが挙げられる。しかも，ソニア・ガンジー総裁にとって，義母のインディラ・ガンジー元首相を射殺したのは護衛兵であったシーク教徒であった。

　今回のインド選挙で国民会議派が勝利を収めたのはソニア・ガンジーの2人の子供の尽力が大きかった。国民会議派幹事長職にあるラウル・ガンジーは全国遊説を通じて，経済成長は貧困を除去する必要条件であること（必ずしも充分条件ではないにしても），そして国民会議派が再生していくためには青年層を中心に党内部での選挙が必要不可欠であることを強調した。彼の遊説の結果，ウタール・プラデシュ，クララ，タミール・ナドウで国民会議派が勢力を回復し，共産党の後退を招いた。彼の支持者はシン内閣の有力閣僚（おそらく農村開発相）を担ぐ動きをみせたが，彼は辞退した模様である。国民会議派の内部を固めるほうが先決課題と位置づけたのであろう。彼の妹，プリヤンカ・バトラもラウル・ガンジーとシン首相を助けて遊説では活躍した。彼女の祖母インディラ・ガンジー元首相を想

起させる横顔とモダンな断髪姿が若い有権者から大変な人気を呼んだ。

インドの人気ある放送ジャーナリスト，カラン・サッパーは彼女が野心的なグジャラード州知事で将来のインド人民党首相候補となるナレンドラ・モディの対抗馬となる日が必ず到来すると予言する[4]。

今回の議会選挙で国民会議派は国民政党としての地位を確立できたし，ソニア・ガンジーの後継者も固まってきた。

## 2 インド経済改革の方向

今後，国民会議派政権はインド経済が直面する3つの不足，すなわち電力不足，水不足，輸送インフラ不足の解消に取り組んでいかねばならない。

電力不足の解消は緊急の課題である。2008年時点で発電能力は14万5,588メガワット，1人当たりの電力消費量は612キロワット時（2005年度），アジア諸国平均646キロワット時と比べてかなり低い[5]。しかも，石炭火力発電53.0％，水力発電24.8％が中心で，ガスは10.1％，原子力は2.8％に過ぎない。慢性的な電力不足に対応するため，6割以上の企業が自家発電機を所有し，総発電に占める自家発電の比率は19.1％となっている。中国，ブラジル，南アフリカと比較しても，インドの自家発電比率は突出している。

インド経済のGDPが年9％で成長し，電力需要の成長弾力性を1とした場合でも，年率9％で電力需要が増加し，2011-12年度には1008BU-1038BU（自家発電を除く，BUは10億キロワット時）の電力が必要と見積もられる。この電力需要を満たすのに必要とされる新規追加の発電能力は約7万8,000メガワットと推計されている[6]。

インド政府は2020年までに4,000万キロワット，2032年までに6,300万キロワットに原子力発電所の発電量を増強する方針を打ち出している。2020

年までに25-30基の原発が新設される見込みである。米ゼネラル・エレクトリック（GE）・日立製作所連合，東芝・米ウエスチングハウス（WH）連合，仏アレバ・三菱重工業連合，ロシア原子力独占体が進出を図っている。フランスのアレバは西部マハラシュトラ州のジャイタプールに新型原子炉・欧州加圧水型炉2基を納入する。ロシア企業は南部タミルナド州のクダンクラムで軽水炉4基を増設する[7]。

インドの水不足は1億7,000万人が安全な飲料水を利用できず，同国の人口11億人の70％が適当な衛生設備に恵まれていない。インドの最も豊かな都市デリーでは1,600万人の住民の45％が下水道サービスを受けられず，下水をそのまま川に投入する。水資源の汚染が私的井戸の採掘を招き，急速に地下水の枯渇を招いた。その結果，遠方の水処理工場から飲料水を運んでいる。2001年に新規のビル建設には雨水収集システムを備えつけるべく法律が制定されたが，ほとんど実施されなかった[8]。インドの水不足を解決するには海水の淡水化によって大都市の給水能力を拡大し，上水道の普及を図るのが最短の近道である。日本企業が進出できる分野である。

インド政府の新道路・高速道路省のケマルヤタ大臣は道路融資公社の設立を計画している。それは収入を証券化し，株式市場に上場して資金を調達する野心的な計画である。インド中央政府は全長1万3,000キロメートルに及ぶ高速道路200事業計画の公募を行っている。この事業計画の4分の1，すなわち総延長3,000キロメートルは応募企業の最終審査段階に入っている。加えて，州政府は2010年までに4,200キロメートルの道路建設公募を計画している[9]。

日本とインドの両国政府は首都ニューデリーとムンバイ間のインフラ整備の調査・開発計画作成を目的とするプロジェクト開発ファンドを設立することで合意した。ニューデリー・ムンバイ間に敷設予定の貨物専用鉄道建設には4,500億円の円借款がインド側に供与される。ニューデリーからムンバイに至る1,500キロメートルのベルト地帯を産業集積地とする産業

大動脈構想が狙いである(10)。

## 3. 南アジアにおける位置

　インドでは1日1人当たり消費支出が1.08ドル以下として定義した貧困層に属する国民が2002年時点で約4億4,500万人，全人口の42％に達する。そして，インドの貧困層の7割以上が農村部に居住している(11)。今後，インドは外資を導入して年間8％から9％の高度成長を実現していく上で，貧困層の生活改善が必要条件となる。インドの国民会議派政権はこの貧困層の生活改善に政策の最優先順位を置くことになる。

　アジア開発銀行が委託したインド経済の調査によれば，インドはブラジルやロシアよりも大きな富の集中を抑制する必要がある(12)。そうでなければ，急速な経済成長を阻害する寡占経済に陥る危険に直面している。2008年現在，インドには国民所得の20％に匹敵する富を支配し，株式市場価値の80％を占める50人の億万長者がいる。1991年以降，年間1人当たり所得が約1,000ドルのインド国内で，市場経済政策が巨大な富の偏在をもたらした。インドの金融都市ムンバイがその好適例であって，人口の半分以上がスラム街に住み，他方，インド最高の金持ちで195億ドルの資産をもつリライアンス・グループ会長ムケシュ・アムバニ氏は10億ドルの経費で27階建ての家族ビルを建設している。同報告は有効な競争委員会の設置と縁故資本主義を阻止するための規制官庁の強化を勧告した。加えて，土地の配分およびインフラ事業計画でのより高い透明性を求めた。

　インドはパキスタンとの間で領有権を争ってきたカシミール地方を分割したインド・パキスタンの事実上の国境線は防衛するが，人口集中地の都市や町からインド治安部隊を撤退させて，住民の反感を緩和させる方針を明らかにした。インド政府内相チダンバラム氏はカシミールの首都スリナガルを2日にわたって視察して，都市の警備は正規のジャム・カシミール

国家警察の手に委ねることにした(13)。

インド政府は内政に最重点を置くから，周辺諸国とは関係改善に努力し，外交負担の加圧を避けようとするであろう。これはカシミールの領有権を巡る対パキスタン関係にも当てはまる。

ただ，インド東南部のスリランカ北部に居住していたタミール族の独立を求める反乱は，25年の歳月を経て中国から高性能の火器援助を受けたスリランカ政府軍の勝利に終わった。スリランカ対岸のタミール・ナドゥ政府がスリランカ北部から駆逐されたタミール族の処遇を巡って今後，どのように対応していくのか。また，中国の軍事援助を受けたスリランカ政府に中国の影響力が強まり，中国海軍の寄港が増えるなど，インド中央政府にとって新しい問題が発生した。

選挙後の新しいインド議会では農村雇用創出計画，低コスト住宅計画，食糧を貧困層に保証する食料安全保障法を含む福祉政策に重点を置く。そのため，政府支配の公益事業の株式売却や公共インフラへの外資誘致，国営銀行の民営化などの市場政策は後回しとなる可能性が強い(14)。

## 4. 対中国関係

インド政府防衛省は次の10年間に戦闘艦100隻の建造計画を発表した。現在，32隻の戦闘艦と潜水艦が国内造船所で建造中とのことである(15)。インド国産の原子力潜水艦の進水式がシン首相の臨席のもとで行われたばかりであった。今後10年間に建造予定の75隻には航空母艦，駆逐艦，フリゲート艦，水陸両用船も含む予定である。

中国艦船が影響力を強めたスリランカの港湾に寄港して，インド洋，アラビア海に存在感を高めつつあるからである。

インドは中国との間に1960年代，北ヒマラヤ国境地帯で領土紛争を引き起こし，未だに中国軍が占領を続けている。同時に，中国とパキスタンと

の連携について，インド国内では不信感が強い。中国の民間通信企業「華為ファウェイ」はインド南部の国営バラート・サンチャールニガム社の携帯電話回線設備の入札では安全保障上の理由から除外されることになった。「華為」社の創業者レン・ゼングフェイ氏が中国人民解放軍の元将校でもあり，同社がその株主構成に関する情報を公開しない事実が中国軍部との密接な関係を推測されたからである[16]。因みに，「華為」社は2008年に米ネットワーク機器「フリーゴム」への出資も拒否されている。

インド政府が貧困層への配慮を含む福祉政策を優先した場合，確かに市場化政策は後回しにされる可能性が高い。そうなると，どうしても国民所得の成長率を押し下げてしまう。低成長に陥ると，福祉政策の原資を調達できなくなる。この悪循環を回避するには，外資を導入して成長促進を図るのが最も現実的な選択といえる。

インドは石油・天然ガスの国内消費の4分の3近くを輸入に依存してきた。インドは国内石油・天然ガス資源の開発を急いできた。インド政府は「国家開発譲与政策（NELP）」によって開発鉱区の応募企業に7年間の租税免除（tax holiday）を供与してきた。ところが，2008年にインド政府財務省が天然ガス開発事業に対して「租税免除」の特典を除外した。ムケシュ・アムバニが率いるリライアンス・インダストリーズがインド最大の天然ガス田KGベイスン（KG Basin）の開発を進めており，2009年初めから生産を開始した。それが日量8,000万立方メートルの最大能力に達した際には，インドの国内炭化水素の40％を占めるようになる。加えて，アムバニのリライアンス・インダストリーズが弟のアニール・アムバニの率いるリライアンス・ナショナルリソーシズと天然ガスの供給価格を巡って紛争が続いている。ボンベイ高等裁判所はアムバニ兄弟間の話し合いに委ねる和解案を提示した。さらに，原油価格が最近，1バレル当たり80ドル台に跳ね上がった事態を受けて，インド政府と国営石油会社はインド国内の石油価格を引き上げる問題に直面している。そうなると，インド政府は石油

価格への膨大な補助金交付に迫られることになる[17]。

　インドの経済発展は不可欠の国内炭化水素資源開発をみても，インド政府内の意思統一は容易ではない。今後も試行錯誤を続けていかざるを得ないように思われる。

　このエネルギー不足を克服する手段として，インド政府は米国から原子力発電機器を導入することになった。また，米国の先端兵器と宇宙開発機器を導入することになった[18]。

　インドは中国との関係悪化は避けつつも，米国の先端兵器輸入やエネルギー資源の自主開発を通じて，中国のインド洋，アラビア海進出に備えている。

[注]

（１）「インド経済大国への道，上」『日本経済新聞』2009年4月15日，朝刊。
（２）James Lamont, BJP shifts focus of India's votes to tax evaders, *Financial Times,* April 21, 2009.
（３）James Lamont, Rate cuts fail to revive Indian economy, *Financial Times,* April 21, 2009.
（４）James Lamont, Sonia's daughter steps up to Gandhi legacy, *Financial Times,* April 30, 2009.
（５）小田尚也編『インド経済：成長の条件』アジア経済研究所，2009年，44ページ。
（６）同上書，48ページ。
（７）中津孝司『日本のエネルギー戦略』創成社，2009年，112ページ。
（８）Amyyee, Harvesting Rain, *Financial Times,* 2009, pp.20-21.
　　　Joe Leahy, India eyes huge rise in road building, *Financial Times,* June 23, 2009.
(10) 中津，前掲書，113ページ。ちなみに，小田尚也編『インド経済:成長の条件』ではインドの交通問題を取り扱っていない。地域間格差を分析する際には当然，必要となる視点であると思う。
(11) 小田，前掲書，13ページ。
(12) Joe Leahy, India's huge gap between rich and poor threatens growth

warns study, *Financial Times*, June 25, 2009.
(13) Any Kazmin, India vows to pull back Kashmir force, *Financial Times*, June 14, 2009.
(14) Any Kazmin, India gaggles economic reform with better welfare for poor, *Financial Times*, June 5, 2009.
(15) James Lamont, Vorum Good, India plans to build 100 warships, *Financial Times*, July 31, 2009.
(16) Kashin Hiille Joe Leahy, Huawer rejects claims of being risk to India, *Financial Times*, June 4, 2009.
(17) Joe Leahy, Vorum Good, India eyes tax holiday to lift energy sector, *Financial Times*, June 23, 2009.
(18) James Lamont, US agrees rules of weapons to India, *Financial Times*, July 21, 2009.

# 第7章

# イスラエル・イラン戦争は勃発するか

# 1. 直面する課題

## 1. イランの脅威

　イスラエルの安全保障について述べるならば，ベンジャミン・ネタニヤフの率いるリクードは，こうした危険な状況を効果的に回避する対策を導入する一方で，国家に対する脅威を認識する能力を示し続けてきた。すでに1996年，（当時）首相であったネタニヤフは米国議会で演説し，イランの脅威は世界全体に対する最大の脅威であると警告していた。ネタニヤフは議員たちにイランの体制と戦うよう促したが，不幸なことに，彼の呼びかけが受け入れられることはなかった。

　上記は，イスラエルのリクード党がそのホームページの中で紹介している重要課題の1つ，安全保障に関する項目の冒頭部分である。"イランの脅威"という小見出しとともに始まるこの文章は，前政権が推進した入植地からの撤退が決してイスラエルの安全を高めるものではなかったと批判し，また「イランの核武装を阻止することが，次のイスラエル政府の第1の優先事項である」として，場合によってはイランに対する先制攻撃も辞さない強い論調でまとめられている[1]。

　イスラエルが懸念を強めるイランの核開発は，1960年代後半のパーレビー体制下で開始された。ただしその目的は，「いずれ枯渇する石油資源の利用可能期限をできるだけ長引かせる一方，石油をエネルギー源ではなく石油化学工業に振り向けるとともに，原発で確保した大量の電力で海水淡水化を行う」[2]というものであった。当時，まだ良好な関係にあった欧米諸国の協力を受け，ブシェール（ブーシェフル）で2機の原子力発電所の建設が進められたが，イスラム革命やイラン・イラク戦争の勃発によっ

て，それらは中断を余儀なくされた。

　その後イランは80年代半ばに核開発を再開したといわれている。海外からの天然ウラン購入や技術支援に加え，中断されていたブシェールの軽水炉建設もロシアによって完成工事が請け負われた[3]。公式的にはその存在を肯定も否定もしていないが，事実上の核兵器保有国とされているイスラエルが未だ核拡散防止条約（NPT）に署名さえしておらず，国際原子力委員会（IAEA）による核施設への査察を拒み続けているという状況とは対照的に，イランは1968年にNPTに署名，70年に批准済みであり，このブシェールの軽水炉建設計画も，IAEAの保障措置を受け入れた上で進められているものではあった。

　とはいえ，同じくNPTを締結していたイラクで核兵器の開発に関する極秘計画の存在が明らかになっていたことから，米国は民生用の発電施設ではあっても，その後の核兵器開発への道を開く可能性を否定することができないとして，イランの核開発計画再開に強い懸念を示していた[4]。ドイツやフランスなども同様に，80年代以降はイランに対する核物質や核関連資材の輸出には慎重な態度を取り始めている[5]。

　イランによる核兵器開発疑惑は，2000年代に入ってから一層強められることとなった。02年夏にイランの反体制派がIAEAに申告していないナタンツやアラクなどの核施設の存在を暴露したことや，その後の調査によって数々の未申告活動が明らかになったからである[6]。イランは，同国の核関連活動はNPTが加盟国に認めた核の平和利用を目的としたものであると一貫して主張し，その姿勢は現在においても変わらない。とはいえ，ブッシュ政権に"悪の枢軸"と名指しされ，米国が主導する「対テロ戦争によってアフガニスタン，イラク，中央アジア，湾岸諸国と米軍が駐留する国によって包囲されている」[7]イランが，その体制を維持するために"抑止力としての核兵器の開発"を一層加速させているであろうことは十分に考えられることである[8]。事実，07年9月にイスラエルによって空爆され

たシリア東部の核施設は，イランの核兵器開発を目的とした，イラン，シリア，北朝鮮3国による共同プロジェクトであったとみられている[9]。

イランはこれまでウラン濃縮を中心に核開発を続けてきたが，最近では従来型の5倍の低濃縮ウランを製造する能力がある新型の大容量遠心分離器が試運転に入っているとの報道や[10]，北朝鮮からの技術協力を受けて使用済み核燃料棒からプルトニウムを抽出する再処理施設の建設準備を加速させているという報道もあり[11]，その用途に関する疑惑はますます深まりつつある。

こうしたイランによるウラン濃縮活動を停止させるため，欧米を中心とした代表団が数度にわたって同国を交えた協議を実施してきた。09年10月には同年末までに核開発計画の全容を説明できなければ，追加的な制裁措置を執らざるを得ないとの立場も表明している。これに対してイラン側は，最近新たに明らかとなったテヘラン南方の聖地コム周辺で建設中とされる2カ所目のウラン濃縮施設にIAEAの査察を受け入れることには合意した[12]。しかし，欧米が求めるウラン濃縮の中止については応じる姿勢はみせていない。

他方で90年代に入った頃からイランの脅威を深刻に受け止めてきたイスラエルは，既述のとおり早い段階からイランに対する直接的な軍事作戦を示唆してきた。それはイスラム革命以後のイランが示してきた反イスラエル的な態度や，最近のアフマディネジャド大統領による"イスラエルを地図上から抹殺する"といった発言のみに基づく反応ではなく，この国がすでに間接的にイランの攻撃下に置かれているからである。たとえば06年の第2次レバノン戦争時に，レバノン南部に拠点を置くヒズボラは，イスラエルに向けて約4,000発のロケット弾を発射したが，通称"カチューシャ"と呼ばれる自走式多連装ロケット砲のほぼすべてが，イランからヒズボラに渡ったものとされている[13]。同様に，イランは反イスラエル武装組織であるハマスにも資金面，軍事面での支援を行っているといわれている。

さらに今後，イスラエルがイランから直接攻撃を受ける可能性も否定できない。08年末の時点で，イランの保有するシャハブ3ミサイルはすでに100基を超えていたが，その数は1年足らずの間に3倍になったものとされている[14]。シャハブ3とは，北朝鮮のノドンを元に開発され，イスラエル全土を攻撃可能な1,300キロの射程をもつ弾道ミサイルである。このミサイルには1トン前後の弾頭を搭載する能力があるため，実際に核兵器が開発された場合，イランは直接イスラエルを核攻撃することが可能となる[15]。

## 2. 直接攻撃の成功率

イスラエルの情報機関は2006年末の時点において，イランによる核兵器の製造が可能となるのは，早くて09年頃であろうと予測していた[16]。他方で米国やIAEAはその時期を13年以降と考えており，「現在のところ，イランは差し迫った脅威とはいえない」としている[17]。しかし，イスラエル側の情報が正確であったとすれば，イランの核施設に対する直接攻撃には，ほとんど時間が残されていないということになる。核兵器を保有する国に対して軍事作戦を行うことはあまりにも危険であるからである。

では，仮にイスラエルがイランに攻撃を仕掛けた場合，その成功の可能性はどの程度のものになるのであろうか。以下はワシントンにある国際戦略研究センターのA・トウカン氏とA・コーデスマン氏による報告書を中心にまとめたものであるが，決して容易な作戦であるとはいい難いようである。

### (1) 情報の欠如

現在，イランで核開発が進められているとされている施設は数十カ所に及ぶが，それらは広大な領土に分散しているため，そもそものそのすべてを破壊することは不可能である。そこで実際に攻撃する場合は，核兵器の製造に必要な核燃料サイクルに関連する3カ所の施設に絞ることになるであ

ろう。3カ所の施設とは、イスファハンの核開発センター、ナタンツのウラン濃縮施設、そして将来的にプルトニウムを生産する際に必要となってくるアラクの重水炉である[18]（第1章22ページの図表1-15参照）。

ただし、この3カ所を攻撃することで、イランの核開発を一定期間停止させることができるかどうかについては不明である。というのもイランがウランを精製している施設のすべてが明らかとなっているわけではないからである。西側の情報機関が押さえていない施設が存在しているならば、ウランの精製計画はそこで継続されることになり、攻撃は無駄な試みとなってしまう[19]。

## (2) フライト・ルート

イスラエル空軍（IAF）がイランに出撃するにあたり、3通りのルートが考えられている。ヨルダン、イラクを横切る中央ルート、次にサウジアラビア、イラクを通過する南行ルートが距離的には短いが、この2つは政治的に難しいであろう。事実、イスラエルがイラン攻撃を実行する際に、サウジアラビアがその上空の通過を認めたという報道が09年夏に流れたとき、サウジ政府は「我々はイスラエルとはいかなる関係も持っていない」として、直ちにそれを否定した[20]。それゆえ、シリアとトルコの国境に沿って進む北行ルートが最も現実的であるとされている。

この北行ルートで既述の3カ所の施設を攻撃する場合、最も遠いイスファハンまでは片道約1,800キロあるが、IAFが保有するF-15型、F-16型戦闘機の航続距離は約900キロであるため、往路復路ともに最低1回の空中給油を行う必要がある。また一部が撃墜されることを想定するならば、90機以上の戦闘機を出撃させねばならず、それらがシリアやトルコに追跡されることなく任務を遂行することは、不可能ではないまでもかなり高いリスクを伴うものであるといわざるを得ない[21]。

## (3) イランの防衛能力

無事にイランにたどり着いたとしても、想定通りターゲットを破壊しう

るかどうかについても不明である。イランにはその上空を防衛する百数十機の戦闘機の他，SA-5，SA-2などの地対空ミサイル，対空自走砲などが配備されており，さらに1,700基の対空砲が核施設を防御している。

　加えて，最近イランはロシアからS-300V対空防御システムを密かに導入したとされているが，これが事実であれば，イスラエルの戦闘機は20から30％，すなわち90機のうち，約20から30機が撃墜されるのではないかと予測されている[22]。

　また，攻撃対象となる重要な施設の多くは地下深くに埋められており，さらに数メートルの厚さのコンクリートで強化されている。イスラエルはイラク戦争時に使用された米国製のGBU-27，GBU-28などの誘導爆弾"バンカーバスター"をすでに600発入手したといわれているが[23]，それでもその効力を発揮させるためには，こうした高度な防衛網をかいくぐりながら正確にターゲットを捉える必要がある。

### (4) 弾道ミサイルの性能

　では，戦闘機の代わりに弾道ミサイルを使った場合はどうなるであろうか。現時点でイランは弾道ミサイルに対する防衛システムを保有しておらず，計算上はイスラエルが保有するジェリコⅢミサイル42発で3カ所の施設を破壊することができる[24]。ただし，この計算はミサイルが数メートルの誤差で目標を捉えることができた場合の確率であり，弾道ミサイルの性質上，実際にはきわめて難しいといわざるを得ないであろう。

## 3．予想される結末

　以上を要約するならば，イスラエルによるイランへの直接攻撃は，不可能ではないまでも非常に高いリスクを伴うものということになる。しかしそれでもイスラエルが軍事作戦を遂行し，仮にイランの核開発を一定期間停止させることに成功したとしても，それらはより大きな問題を引き起こすきっかけとなるであろう。

まずはイランの核開発を一層加速させる可能性である。81年にイスラエルがイラクのオシラク原子炉を空爆したことは，結果的に同国の核兵器開発を促すこととなったが，イランでも同様の事態に発展するかもしれない。繰り返しになるが，イランに存在する核施設はすべて明らかになっているわけではなく，また重要施設は地下深くに埋められている。それゆえ空爆によってイランの核計画が完全にストップしてしまう確率はきわめて低く，むしろ開発を促すという結果をもたらすことになるであろう[25]。また，攻撃によって同国がNPTから離脱することも予想されるため，国際社会がイランに対して核開発を抑制するよう圧力をかけることのできるルートが失われてしまう可能性もある[26]。

　次に，イランがイスラエルに対して直ちに報復することも予想される。テルアビブや軍事・民間施設などをターゲットとして，既述のシャハブ３ミサイルが発射されることについては，一部のイスラエルの専門家によって"アロー２"迎撃ミサイルで防御可能と考えられている[27]。しかし，イランとの関係が指摘されているヒズボラやハマスなどの反イスラエル武装組織によって代理戦争が引き起こされる可能性については，イスラエルにとって大きな懸念となるであろう[28]。

　ヒズボラはすでに約４万発のロケット弾を保有しているとされているが，イスラエルで開発中の短距離ロケット弾に対する防衛システム"アイアン・ドーム"は実験に成功したばかりであり，全国的に配備されるまでにはまだ時間がかかる。導入されたとしても，実戦でどの程度効果を発揮するのかということについても定かではない[29]。

　他方でイランは，2000年以降ヒズボラに対して射程距離が40キロから70キロに及ぶファジュル・ロケット弾の供与を始めている。従来のロケット弾の射程は８キロから30キロ程度であり，それゆえ国境周辺の町や入植地がターゲットとされてきた。しかしファジュル・ロケットを使用すれば，ヒズボラはイスラエル北部の大都市，ハイファを射程圏内に収めることが

可能となる。ハイファ周辺には石油化学工場や石油精製施設，またイスラエル経済を牽引するハイテク産業の集積地が存在しており，こうした拠点が攻撃されることになれば，人的，物的な被害に加えて，イスラエル経済全体が大きな損失を被ることになるであろう[30]。

さらにその影響はイスラエルとイランとの関係悪化にとどまらず，中東地域全体の情勢を不安定化させるおそれもある。加えてペルシア湾岸地域から西側への石油流入が遮断され，石油価格の高騰やその結果として世界経済の混乱が引き起こされる可能性もあるだろう[31]。

## 2. 国内事情

### 1. もう1つの課題

イランに対する軍事作戦の難しさや，仮にそれが実行された場合にもたらされるであろうさまざまな影響について，イスラエル政府は十分に理解していると考えられる。また国民の側も，イランに対する危機感はあるもののネタニヤフ氏の主張に代表される直接攻撃を一枚岩で支持しているわけではない。にもかかわらず，リクード政権が強い姿勢で何度もイランへの軍事作戦の可能性に言及するのは，第1にその発言をイランに対する抑止力として作用させることが目的であろう。同時にそれは"強いイスラエル"をアピールして支持を集めるための国内に向けたメッセージとしても捉えることができる。

2009年2月の総選挙は未だガザ攻撃の余韻が続く時期に実施されたこともあり，その選挙戦は安全保障に対する姿勢が焦点とならざるを得なかった。90年代に中東和平の機運が高まったが，イスラエルにとっての和平とは，第1に自国の安全を確実にするものでなければならない。05年に行われたガザ地区からの一方的な撤退も，"パレスチナ人と仲良くする"こと

を主目的としたものではなく，あくまでもイスラエルの治安を改善するための試みであったはずである。しかし実際には，その空白地帯をハマスが占拠し，ガザからのロケット弾攻撃を受けることとなった。イスラエル軍が撤退したレバノン南部も，同様にヒズボラの活動拠点となっている。

　数年にわたる交渉を継続し，イスラエル側の考える譲歩を重ねても，治安は安定するどころか，悪化の一途をたどっている。その結果，多くのイスラエル人は"パレスチナと和平交渉を続けても安全にはならない"と考えるようになり，対話や譲歩よりも力によって治安を守るべきとする主張に支持が集まり始めた。事実，今回の選挙でもリクードは前回と比べて15議席増の27議席を，またロシア系の右翼政党イスラエル・ベイテヌは4議席増の15議席を獲得している。他方で前政権を担ったカディマも，リクードと1議席差で第1党の座を守り抜くことには成功したが，票を伸ばした右派政党との連立交渉を進めることはできなかった。左派を代表する労働党でさえ，リクードの側についたのである。

　タカ派的な発言を繰り返す右派政党を中心とした連立政権の誕生は，「パレスチナ人との和平推進に消極的で，強硬なテロ対策を講じることを支持する世論が強く」[32]なる中にあって，ある意味自然な流れであろう。とはいえ，カディマを中心とした前政権が外部からの"敵"に対して常に弱腰であったわけではない。カディマは中東和平の推進を大きく掲げてはいたが，06年夏の第2次レバノン戦争も，08年末に開始されたガザ攻撃も，同政権下で実施された軍事作戦である。その成果については否定的な評価も多いが，彼らは有事に対して断固として対処する姿勢を一応は示してきた。

　にもかかわらず，カディマが大きく票を伸ばすことができなかったのは，単に安全保障の面のみならず，政権末期に著しい景気後退に直面し，それに対して有効な手段をとることができなかったという経済政策の失敗にも原因があるのではないだろうか。政権を獲得したリクードが，安全保

障問題と同様に経済問題の解決を重視したのはそのためであろう。事実ネタニヤフ氏は，09年3月31日の首相就任演説の中で「イスラエルは2つの難問に直面している。経済問題と安全保障問題である」と述べている。

## 2. 100年に1度の危機

　2007年頃から米国におけるサブプライムローン問題が表面化し，その世界経済への影響が懸念され始めたが，当初それらがイスラエルの経済に影響する可能性は低いとみられていた。というのも，影響を受けるのは金融を中心とした部門であると予想されており，他方でイスラエルの金融機関はサブプライムローンが証券化されて組み込まれた金融商品をほとんど扱っておらず，また厳しい金融監督の下で自己資本比率を高めていたため，金融部門でさえもほとんど影響を受けないであろうと考えられていたからである。また，不動産市場でバブルが発生していなかったことや，民間部門における貯蓄率の高さなども，経済危機から受ける影響は小さいであろうと考えられた要因であった[33]。実際にイスラエルの銀行が今回の景気後退から受けた影響は，他国と比べるならば穏やかなものであり，リーマン・ブラザーズの破綻が秒読みとなった08年夏の時点においても，イスラエルの経済指標は，低い失業率，経常収支の黒字，高い貯蓄率，公的債務の対国内総生産（GDP）比の著しい低下，ビジネスセクターにおける高い収益性などといった好ましい数値を示していた。

　しかし危機の影響は金融部門経由ではなく，輸出や民間消費の縮小，その結果としての税収の減少といった面で現れ始めた。周知のとおり，イスラエルの経済を支えるハイテク産業を中心とした製造業部門はきわめて輸出志向的であり，2000年代初頭に世界規模でIT（情報技術）バブルが崩壊したときも，この国は2年連続でマイナス成長を経験した。その背景には，海外でのイスラエル製品に対する需要が低下し，同部門の輸出額を大きく減少させたことがある。今回も同様のことが生じており，08年8月に

429億8,400万ドルを記録した製造業部門の輸出額は，09年4月には303億2,500万ドルにまで低下している[34]。結果，当初5％以上となることが予想されていた08年のGDP成長率は，第4四半期の不況が足を引っ張り，4.0％にとどまった[35]。

景気低迷の影響が実体経済に及び始めた08年秋以降，イスラエル政府は財政政策，金融政策をともに景気を刺激する方向に大きく舵を切った。11月には金融機関への資金投入を含む総合景気対策が発表され，直ちに雇用創出や公共事業への支出を大幅に増加することが決定されている[36]。中央銀行も数度にわたって金利の引き下げを行い，翌年1月には1.75％，2月には0.75％，そして4月には0.5％と，イスラエルにおける政策金利の史上最低記録を更新し続けていた。外貨準備の水準を高め，シェケル高騰に対処するためのドル買いも継続された。

しかし，こうした政策によって直ちに景気が改善することはなく，08年の第2四半期には5.7％まで低下していた失業率も，09年の第1四半期には7.2％にまで上昇し[37]，また同年3月の輸出は前年比で24％のマイナスとなった。その結果，09年のGDP成長率はマイナス1.2％にまで落ち込むことが予想されていた[38]。

## 3. 新政権による景気対策

カディマからリクードへの政権交代は，こうした厳しい経済状況下で行われた。それゆえネタニヤフ氏は首相就任と同時に景気対策にも乗り出さざるをえず，こうして4月に発表されたのが「抑制と打開の計画」と呼ばれる一連の経済政策である。具体的には輸出促進を目的とした信用拡大，雇用促進，構造改革，税制改革，インフラおよび人的資本への投資拡大など大きく5つの項目で構成されており，2011から12年頃までに経済成長率を2000年代半ばにみられた5％台に回復することを目的としている[39]。

経済政策が発表された当日，イスラエルの主要企業で構成されたテルア

ビブ25種株価指数は1.7％上昇した。市場の反応と同様に，産業界もこの計画をおおむね好意的に受け止めている。たとえばイスラエル製造業者協会のシュラガ・ブロシュ会長は「真の課題はその詳細にある」としつつも，「経済危機が発生して以降，前政権にはできなかった輸出振興策や産業界への融資拡大策を，新政権は発足後2週間で打ち出した」と評価した[40]。

実際にその成果は少しずつ現れており，09年の第2四半期には前期比で輸出が5.8％，民間消費が4.4％拡大したことによって，GDPも第1四半期のマイナス3.7％から，1％の成長（年率換算）へとプラスに転じている[41]。

しかし，まったく懸念がないわけではない。まずは繰り返しになるが，イスラエル経済は輸出に大きく依存する構造をもっている。それゆえこの回復も世界経済の景気低迷が底を打ったという流れが反映されたものであり，きわめて不安定なものといわざるを得ないことである。

さらに拡大の一途をたどる財政赤字にも不安がある。08年度の財政赤字は，目標値であるGDPの1.6％に対して2.1％に相当する152億シェケル（約40億ドル）となったが，09年度はそれを大きく上回り，GDPの6％に達する見込みである[42]。こうした中で，大規模なインフラ投資や，16年までに所得税は39％，法人税は18％にまで最高税率を段階的に引き下げるといった景気対策を実施しなければならない。イスラエル財務省はそれらの財源を確保するため，年間60億シェケル（約16億ドル）にもおよぶ悪質な脱税防止を目的とした税制改革や公務員に対する支出の一部凍結をはじめ，付加価値税の引き上げ（15.5％から16.5％に），野菜や果物に対する付加価値税免除の中止，国民保険料の負担額の引き上げ，グリーン課税の一環としての特定の車両に対する税率の引き上げなどを実施するとしている[43]。

しかしこうした政策は，低所得層や中間層の不満を拡大させる恐れがあ

る。付加価値税の引き上げや税免除の中止は彼らの負担を増加させ，また最高税率を引き下げたとしても，彼らがその恩恵を受けられるとは考えられないからである。このことはリクードが連立を維持し，政権を保ち続けることに関して大きな懸念材料となるであろう。というのも，現在イスラエル政治のキャスティングボードを握っているのは，今回の経済改革によってまさに"恩恵を受けることができない"グループであるからである。

## 4. ユダヤ人の二重構造

　本来イスラエルはヨーロッパ系ユダヤ人を中心に建設されたものであるが，イスラエル独立前後から大量に移民してきたのはアジア・アフリカ系のユダヤ人であった。この両者を人口比でみると，独立以前にはヨーロッパ系がその8割以上を占めていたのに対して，1960年代頃までに同規模になり，70年代以降はアジア・アフリカ系の占める割合の方が大きくなっている。両者の間には出身地域の文化，生活面での差が明確に存在していたが，とりわけそれは識字率などの教育面に明確に現れたとされており，たとえばアジア・アフリカ系ユダヤ人に対する欧米系ユダヤ人の識字率は約10倍，中学卒業者は2.5倍，大学修了者は7倍となっていた[44]。結果，それぞれが従事する職業も，ヨーロッパ系はホワイトカラーに，アジア・アフリカ系はブルーカラーに集中する傾向がみられた。

　ただしこの国では，独立以来政権を担っていた労働党が社会主義的な政策を展開してきたことから，50年代頃までは両者間の給与や生活に関する格差は小さく，アジア・アフリカ系の所得は，ヨーロッパ系よりも12％程度の低さにとどまっていた。しかし60年代に入るとこの格差は26％を超え，その後70年代にはヨーロッパ系のみが富裕層となり，アジア・アフリカ系ユダヤ人は明らかに経済発展から取り残された存在となってしまった[45]。こうした不満が1977年の総選挙で労働党からリクードへと政権を動かす原因の1つとなったとされている。

しかし実際には，そのリクードも労働党と同様にイスラエル建国を担ったヨーロッパ系ユダヤ人を中心とした"特権階級"を代表する政党であった。それゆえ，リクードが政権を取った後もアジア・アフリカ系ユダヤ人の状況が改善されることはなく，1990年代に訪れた"平和の配当"もヨーロッパ系の利益を増やすだけに終わった。アラブ諸国との壁が取り除かれ，世界中の注目を集めた中東・北アフリカ経済サミットも，その成果を期待したのは一部のユダヤ人だけであったとされている[46]。

この状況下で急速に成長したのが，宗教政党である"トーラーを遵奉するスファラディー同盟（シャス）"であった。1980年代初頭に結成された同党は，初めてアジア・アフリカ系ユダヤ人の利害を代表する団体として登場し，彼らの支持を集め始めた。06年春の総選挙でリクードに並ぶ12議席を，また今回も11議席を獲得したが，そこにはこうした事情があると考えられる。

現在シャスは連立政権に参加しているが，中東和平に関してはこれまで柔軟な姿勢を示してきた。それはシャスが超正統派を代表する宗教政党であり，仮に占領地が返還されたとしても，「イスラエルの地は自動的にその正統な所持者であるユダヤ教徒のもとに帰する」という宗教的な確信に基づいていることにあるとされている[47]。加えて，そこには経済的な事情も存在しているのではないだろうか。既述のとおり，シャスの支持者の多くはブルーカラー労働者である。そのため彼らとイスラエル国内で働くパレスチナ人との労働内容は重なることが多く，両者はどうしても求職上のライバルとなってしまう[48]。それゆえ和平が達成され，国境が確定されてパレスチナ人と分断される方が，彼らにとっては経済的なメリットとなるからである。

現在，ヨーロッパ系ユダヤ人の収入はすでにアジア・アフリカ系よりも40％以上高い[49]。それゆえ，今回の景気対策が功を奏し，マクロ的に経済指標を上向かせたとしても，アジア・アフリカ系住民の生活に直接的な

恩恵がもたらされなければ，彼らの支持を集め続けることは難しいといわざるをえず，連立の維持にも大きく影響することになるであろう。

# 3. 和平をめぐる問題

## 1. 米国との関係

　新政権が安全保障を確実なものとし，同時に景気を回復させるという難しい課題に直面する中で，これまで最大の支持者であると考えられていた米国の態度にも若干の変化が現れつつある。就任当初，中東問題から距離を置き，その後"テロとの戦い"というキャッチフレーズの下でイスラエル寄りの中東外交を進めてきたブッシュ前大統領に対し，オバマ新大統領は執務開始と同時にイスラエル，パレスチナ，ヨルダン，エジプトの指導者と電話会談を行い[50]，また北アイルランド紛争を解決に導いたジョージ・ミッチェル元民主党上院議員を中東特使に任命するなど，中東和平に関する取り組みを最優先課題として位置づけていることをアピールしている。

　包括的な中東和平を目指す彼は，アラブ諸国との"対話"を重視して，これまでの反米感情を払拭するところから交渉を進めている。この対話路線はイラン問題の解決に関しても同様であり，2009年10月には米国のバーンズ国務次官とイランのジャリリ最高安全保障委員会事務局長との会談を実現させた[51]。もっとも協議には一定のデッドラインが設定されており，問題が解決しない場合には禁輸措置の強化もありうる。また，イランと米国が同じテーブルに着くことで直ちに問題の解決につながるかどうかについても不明ではあるが，イスラム革命後30年ぶりに両国高官レベルでの会談が実施されたことは，前向きに評価されるべきであろう。

　他方でオバマ政権による対中東戦略は，イスラエルに対してこれまで以

上の妥協を強いるものとなっている。彼は中断されたままの和平交渉を再開し，またアラブ諸国に対するイスラエルとの関係正常化への具体策を提示させる条件として，パレスチナ側に対しても"暴力の放棄"を強く求めてはいるが，イスラエル側には"入植地建設の凍結"を要求しているからである。この入植凍結は，リクードの存在意義に関わる問題である。そもそも05年にカディマ新党が結成されたのは，ガザからの一方的撤退をめぐってネタニヤフ氏とシャロン氏が対立し，リクードを分裂させたことがきっかけとなっていた。

結局イスラエル政府は米国の要請を受け入れ，「新たな入植地は建設しない」としたものの，入植地の"凍結"や"一時停止"ではなく，あえて"建設規模の縮小"という言葉を使用して，入植地住民に一定の配慮を示した。さらに「既存の入植地における住民増加には対処する」として，新たに約500戸の住宅建設も決定した。しかし，入植者たちにとっては入植地のいかなる形での縮小も認められるものではなく，彼らは500戸の新規住宅建設という案に対してもまったく不十分であるとして政権に対する批判を高めている[52]。

政府からすれば苦肉の策ともいえる折衷案ではあったが，この案は長年ネタニヤフ氏やリクードを支持してきた入植者のみならず，入植の"全面凍結"を交渉再開の前提とするパレスチナ側にとっても決して受け入れられるものではない[53]。それゆえ，9月末に米国の仲介でネタニヤフ首相とアッバス議長による初の会談が行われ，2国家樹立に向けて努力するという点については合意がなされたものの，ヨルダン川西岸における入植地の扱いなどは継続協議にとどまり，和平交渉再開に向けた具体的な筋道が決められることはなかった[54]。

## 2. シリアとの和平

入植地建設の完全凍結を前提としたパレスチナとの和平交渉が停滞する

中で，中東和平の推進を外交の優先事項として掲げる米国との関係をこれ以上悪化させないために，仮にイスラエルに落としどころがあるとすれば，それはシリアとの関係改善であろう。つまり，「シリアとの和平交渉を本格的に進めて，アメリカに仲介役として入ってもらう」[55]という方法である。

シリアとの和平が達成されれば，イスラエルには大きなメリットがある。現在シリアはイランと同盟関係にあり，またこれまで反イスラエル的な武装組織にも支援を続けてきた。既述のイランによるヒズボラへのロケット弾供与は2005年4月にシリア軍がレバノンから撤退するまでシリア経由で行われており，その後はイランから直接ベイルート国際空港まで輸送されるようになったといわれているが[56]，シリアからの武器密輸ルートは未だに存在しているとの報道もある[57]。またシリアはハマスの事実上の指導者とされるハーリド・マシャアル氏の拠点でもあり，現在もそこからイスラエルに対する徹底抗戦を指示している。

こうした中で両国間の和平が実現すれば，シリアは"反イスラエル"という点で結びついた国や組織との関係を見直さざるを得ない。事実，和平が達成されるならば，シリアはイランやヒズボラ，ハマスとの関係を切る準備があるともいわれており[58]，イスラエルからすれば自国の安全保障を大きく改善することにつながるであろう。

シリア側も米国や穏健アラブ陣営との関係改善をもたらすきっかけとなるイスラエルとの和平には前向きとの見方がある。79年以降，米国はシリアを"テロ支援国家"に指定し，「武器や軍民両用製品の輸出・販売制限，貿易・投資の制限といった制裁」を科してきたが，ブッシュ政権時代に両国間の関係がさらに悪化したことから，04年以降は"シリア問責法"の下で一層の経済制裁が科せられてきた[59]。しかしオバマ新政権が発足した後の09年2月，ケリー上院外交委員長やカーディン上院議員らがシリアを訪問してアサド大統領と会談するなど，その関係は徐々に改善されつつあ

る。シリアがこの機をうまく捉えることができれば，経済制裁の解除とともに念願の世界貿易機関（WTO）加盟にも道を開くことができるかもしれない。

　ただしシリア側も，ガザ攻撃以後中断されている和平交渉を無条件に再開するというわけではなく，その前提としてイスラエルがゴラン高原から完全に撤退することを要求している。第3次中東戦争以降イスラエルの支配下にあるゴラン高原は，いわゆる聖書の"約束された地"ではない。それゆえ，イスラエルにとっても，パレスチナとの和平交渉を進める上で障害となっている入植地建設や東エルサレム問題と比べるならば，遙かに考慮しやすい案件ではある[60]。

　とはいえ，戦略的に重要な地であり，また貴重な水源地でもあるゴラン高原を返還すること，つまりいかなる形であってもこれ以上領土的に譲歩することは，イスラエルの右派勢力にとって受け入れがたい妥協であろう。事実，ネタニヤフ首相は「ゴラン高原を手渡すつもりはない」と述べ[61]，連立を組むイスラエル・ベイテヌのリーベルマン党首も「ゴラン高原を手放さなければならない理由がわからない」として[62]，今のところシリアの要求を受け入れる姿勢をみせていない。

　また，ゴラン高原をシリアに返還することで，直ちにイスラエルが望む和平が実現されるとも限らない。高橋氏によれば，その理由の1つはシリアにイランとの関係を完全に断ち切ることのできない事情が存在していることにある。現在シリアの支配政党であるバース党がイスラム教の少数派であるアラウィー派で構成されている一方，国内の多数派を占めているのはスンニ派である。つまり，シリアでは少数派が多数派を支配しているのであるが，このアラウィー派を「シーア派の一部である」として認め，一定の権威を与えているのはイランの宗教界である。それゆえ，仮にシリアとイランとの関係が悪化するようなことがあれば，イランが「アラウィー派は，実はイスラムの一部ではない」といい始める可能性があり[63]，結

果シリアの政局運営にも影響が出ることになる。

　2009年夏にイランを訪れたシリアのアサド大統領は,「イランとシリアはこれまでと同様,中期的な政策を共有し続けるであろう」[64]と述べてイランとの関係を強調した。仮にこの発言がそうした懸念に基づくものであれば,シリアにおいて現政権が続く限り,同国とイランとの関係を完全に解消させることは難しいといわざるを得ない。それゆえイスラエルとしても,当面は"様子見"の状態を余儀なくされることになるであろう。

[注]

（１）リクード党ホームページ,National Security, http://en.netanyahu.org.il/Themes-of/security/（2009年10月１日アクセス）.
（２）立山良司「中東における核拡散の現状と問題点」『アジア研究』（アジア政経学会），第53巻第３号,2007年,60ページ。
（３）The Nuclear Threat Initiative(NTI),*Country Profiles; Iran NuclearOverview*, Oct 2009, http://www.nti.org/e_research/profiles/Iran/Nuclear/index.html（2009年10月１日アクセス）.
（４）田中浩一郎「イランの核開発活動の系譜とその「疑惑」」『核開発問題をめぐるイラン・米国関係がイラン並びにペルシア湾岸諸国の安全保障に及ぼす影響に関する調査』（日本エネルギー経済研究所），2006年，４ページ。
（５）テレーズ・デルペシュ（早良哲夫訳）『イランの核問題』集英社,2008年,58-59ページ。
（６）NTI, *Ibid*.
（７）宮田律『イラン―世界の火薬庫―』光文社,2007年,108ページ。
（８）立山,前掲稿,63ページ。
（９）『読売新聞』2009年６月22日。
（10）『日本経済新聞』2009年９月23日。
（11）『産経新聞』2009年８月27日。
（12）『朝日新聞』2009年10月４日；2009年10月25日。
（13）宮田,前掲書,127ページ。
（14）*Haaretz*, December 9, 2008.
（15）Office of the Secretary of Defense, *Proliferation: Threat and Response*, Department of Defense（US）, 2001, pp.36-38.

(16) *Haaretz*, December 19, 2006.
(17) *Jerusarem Post*, September 1, 2009.
(18) Toukan, A. and A. H. Cordesman, *Study on a Possible Israeli Strike on Iran's Nuclear Development Facilities*, CSIS Burke Chair in Strategy, 2009, p.35.
(19) *Ibid.*, p.3.
(20) *Ynet News*, July 6, 2009.
(21) Toukan and Cordesman, *op.cit.*, pp.60-71.
(22) *Ibid.*, pp. 78-80.
(23) *Haaretz*, May 16, 2009.
(24) Toukan and Cordesman, *op.cit.*, pp.73-75.
(25) 立山，前掲稿，68ページ。
(26) Toukan and Cordesman, *op.cit.*, p.100.
(27) *Haaretz*, March 17, 2009.
(28) Toukan and Cordesman, *op.cit.*, p.101.
(29) 2010年1月6日、イスラエル国防省は短距離ロケット弾に対する防衛システム"アイアン・ドーム"の実験に成功したと発表し、同年夏頃までにはガザ地区との境界付近に最初の配備を行うとしている。しかし、イスラエルの北部、南部の境界周辺を全域にわたって防御するためには、1式約1500万ドルとされる"アイアン・ドーム"を約20式程度配備する必要があることから、厳しい財政状況の中で全国的な展開を完成させるまでにはかなりの時間がかかると考えられるであろう（*Haaretz*, January 13, 2010）。
(30) 宮田，前掲書，127-129ページ。
(31) Toukan and Cordesman, *op.cit.*, pp.100-101；立山，前掲稿，68ページ。
(32) 臼杵陽『イスラエル』岩波書店，2009年，207ページ。
(33) Bank of Israel, *Annual Report 2009*, p. 2.
(34) Central Bureau of Statistics（Israel）（CBS）, *Selected Economic Indicators*, Aug. 2009, p.47.
(35) Bank of Israel, *op.cit.*, p.2.
(36) Ministry of Finance（Israel）, *Press Release*, Nov. 19, 2008, http://www.dover.mof.gov.il/Mof/Dover/MofDoverTopNav/MofDoverSubjects/MofDoverSubjects_2008/MofDoverSubjects_2008_11/News2008_11_20.htm（Hebrew, 2009年10月1日アクセス）。
(37) CBS, *op.cit.*, p.34.

（38） Bank Hapoalim, *Economic & Financial Report*, Mar. 2009, p.5 ; *Economic & Financial Report*, May 2009, p.5.
（39） Ministry of Finance（Israel）, *Press Release*, April 23, 2009, http://eng.mni.gov.il/FinanceIsrael/Docs/En/pressReleases/20090423.pdf（2009年10月1日アクセス）.
（40） Sandler, N., Netanyahu Unveils Israeli Stimulus Plan, *Business Week*, April 23, 2009, http://www.businessweek.com/globalbiz/content/apr2009/gb20090423_881455.htm（2009年10月1日アクセス）.
（41） Bank of Israel, *Press Release*, August 24, 2009, http://www.bankisrael.gov.il/press/eng/090824/090824b.htm（2009年10月1日アクセス）.
（42） Bank Hapoalim, *Economic & Financial Report*, Feb. 2009, p.6.
（43） Ministry of Finance（Israel）, *Press Release*, May 13, 2009, http://eng.mni.gov.il/FinanceIsrael/Docs/En/pressReleases/20090513.pdf（2009年10月1日アクセス）.
（44） Roter, R. and N. Shamai, Social Policy and the Israel Economy 1948-1980, *Economic and Social Policy in Israel*, ed.by M. Sanbar, University Press of America, 1990, p.161.
（45） 松本弘「世俗と宗教の相克―イスラエル内政の基盤とその変質―」『イスラエル内政に関する多角的研究』（日本国際問題研究所），2002年，74-75ページ。
（46） 同上稿，74ページ。
（47） 臼杵，前掲書，169ページ。
（48） 松本，前掲稿，75ページ。
（49） *Haaretz*, December 14, 2008.
（50） McKeeby, D., Obama Pledges "Active Engagement" on Middle East Peace, http://www.america.gov/st/peacesec-english/2009/January/20090122113454idybeekcm0.7264978.html（2009年10月1日アクセス）.
（51） 『日本経済新聞』2009年10月2日。
（52） *Haaretz*, September 7, 2009.
（53） 『毎日新聞』2009年9月20日。
（54） 『日本経済新聞』2009年9月22日。
（55） 高橋和夫・出川展恒「イラン攻撃はあるか？」『公研』2009年4月号，48ページ。
（56） 宮田，前掲書，128ページ。

(57) *Haaretz*, January 1, 2009.
(58) *Ynet News*, August 4, 2009.
(59) 青山弘之・末近浩太『現代シリア・レバノンの政治構造』岩波書店，2009年，62-67ページ。
(60) 高橋・出川，前掲稿，46ページ。
(61) *Haaretz*, August 1, 2009.
(62) 『ニューズウィーク（日本版）』2009年3月11日号，21ページ。
(63) 高橋・出川，前掲稿，46-47ページ。
(64) *Jerusarem Post*, August 23, 2009.

# 第8章

# 出遅れた欧州経済の回復は持続可能な成長に転じるか

# 1. 欧州連合(EU)の統合深化はどこまで続くか

　実現するか否かはともかく，また鳩山由紀夫首相の政権が続くか否かは別として，打ち出された友愛を基盤とする東アジア共同体構想は理念としてなら正しい。欧州統合運動の先駆者であるオーストリアのリヒャルト・クーデンホーフ＝カレルギーがその著書『汎ヨーロッパ主義』を上梓した年が1923年。欧州共同体（EC）や今日の欧州連合（EU）の母体となる欧州石炭鉄鋼共同体（ECSC）が創設されたのは1952年であるから，その30年も前に欧州統合を提唱していたことになる。抜群の先見性といえよう。

　カレルギーはまた『全体主義国家対人間』も世に問い，その中で友愛に触れている。鳩山首相が掲げる友愛はカレルギーの著書にその原点があるという[1]。『全体主義対人間』の翻訳者は鳩山首相の祖父となる鳩山一郎元首相。鳩山家はカレルギーに心酔していたということであろうか。東アジア共同体という発想もカレルギーの唱えた友愛にそのルーツがあるのだろう。

　鳩山首相は2009年10月上旬，韓国の首都ソウルから北京に飛んで，日中韓首脳会談に臨んだ。鳩山首相，中国の温家宝首相，韓国の李明博首相が人民大会堂で一堂に会して，鳩山首相に提起された東アジア共同体構想を検討することで合意している。「開放性，透明性，包含性という原則に基づき，長期的目標として東アジア共同体の発展および地域協力にコミットする」と明記された[2]。日米同盟から日中韓共同体へと最優先となる外交の軸足を移行させていく方針なのであろう。米中協調や中露協調を牽制する意味合いも込められているのであろうか。友愛や博愛が東アジア地域で通用するかどうか，鳩山外交の正念場である。

　一般に，共同体形成の前提条件として政治理念・体制や経済水準，それに社会文化の均質性が挙げられる。同時に，地理的近接性も重要な前提条

件となる。ECがEUに昇華し，共通通貨ユーロ導入に漕ぎ着けられたのは前提条件をおおむね満たしていたからに他ならない。東アジア地域の場合は一般に指摘される条件を満たしているか。むしろ多様性に満ちていないか。東アジア共同体創設は茨の道となるであろう。

　北京は米国に資金還流することで米国の経済成長に影響力を行使しようと躍起になっている。もって恩に着せるつもりなのであろう。その視線上には世界覇権という野望がある。犬猿の仲であるロシアにも擦り寄って，経済的実利を追求しようとしている。

　日中韓首脳会談の数日後，ロシアのプーチン首相が北京を訪れた。上海協力機構（SCO）首相会議が北京で開催される機会を捉えて，中露首相会談が先行した格好である。温家宝首相とプーチン首相はシベリアとサハリンから中国に向けて天然ガスをパイプラインで輸出することで合意している。ロシアの国営天然ガス独占体・ガスプロムが中国石油天然ガス（CNPC）と契約を締結し，年間700億立方メートルの天然ガスをCNPCがガスプロムから購入することになった。両社でパイプラインを共同建設し，2014年か15年に天然ガスが出荷されることになるであろう。ただし，天然ガスの輸出価格や供給地については決定を先送りしている。2006年に両国で合意した際には年間800億立方メートルの天然ガスをガスプロムが中国に輸出することになっていた[3]。

　また，中露両国の企業は総額35億ドルに達する商談もまとめ上げている。たとえば，ロシア国営石油企業のロスネフチとCNPCは北京から100キロメートルの場所に製油所を建設することを決定している。加えて，中国系金融機関がロシアの銀行に17億ドルを融資することも調印された模様である。併せて，貿易決済で中国の人民元，ロシアのルーブルを積極的に活用していくことも決定された[4]。中露両国が米ドル支配から脱却することを目論んでいることは明白である。今後，ロシア産の原油と天然ガスが中国に潤沢に直送される体制が整う。

一方，中国とロシア，それに中央アジア4カ国で構成されるSCO首相会議では財務相・中央銀行総裁会議の開催を検討することで合意した[5]。また，大規模融資プロジェクト向けの専用口座開設も決定された。もちろん，中露両国もSCOも一枚岩ではない。同床異夢の関係にある。プーチン首相はSCO域内でエネルギー共同体の創設を提案したが，あくまでもモスクワを中核とする共同体設立が念頭にある。中央アジア産の原油と天然ガスをロシアが支配した上で，ロシアを上流とするエネルギー・サプライチェーンを構築したいのである。経済的実利と政治的思惑がここに結集されている。

　地域共同体の創設動機は経済コストの削減にある。経済コストを削減することを当初の目的として地域共同体が結成される。政治統合体から出発する地域共同体の事例は稀である。経済共同体を結成して，そこから政治統合体へと脱皮できるか。共同体の価値はここで決まる。

　経済共同体であったECをEUに移行することを規定したマーストリヒト条約が発効したのは1993年11月。ECSC創設から実に40年の歳月が経過している。マーストリヒト条約ではEU共通の外交・安全保障政策を導入すると同時に，単一通貨ユーロを適用することも規定されている。ベルリンの壁が倒壊し，東西両ドイツが統一されたことがマーストリヒト条約発効の起爆剤となった。1999年5月に発効したアムステルダム条約では欧州議会の権限を拡大することが規定され，2003年2月のニース条約は中・東欧地域諸国に加盟を拡大するために発効された。そして，EU加盟国は27カ国，ユーロ採用国は16カ国に膨れ上がった。EUは5億人に上る巨大市場に成長した。

　とはいえ，顔無きEUであることに変わりはなかった。EU全体と交渉する際，たとえば東京は誰と交渉すべきなのか。EUのトップは一体，誰なのか。一切，不明であった。6カ月交代で務める議長国は象徴的な性質しか持ち合わせていなかった。EU加盟国を27カ国以上に増やすことも不可

能であった。新たな基本条約・リスボン条約が発効しない限り，叶わぬ夢に過ぎなかった。その突破口が開かれたのは2009年10月3日にアイルランドの国民投票でリスボン条約が批准された瞬間であった[6]。リスボン条約未批准国はMDシステム配備中止決定で立腹したポーランドとチェコであったが，2カ国とも新条約署名に動いた。ただ，チェコを説得するのにEU当局が少々手間取った。

リスボン条約にはEU首脳会議（最高意思決定機関，年4回開催）の常任議長，すなわち大統領職を創設することが盛り込まれている。任期は2年半で2期5年までである。同時に，外交・安全保障を統括する上級代表（外相級ポスト）も新設される。EU外相は外相理事会の議長であるとともに欧州委員会（行政府）の副委員長を兼務する。事実上の副大統領となる。EUの対外援助予算を取り仕切り，巨大組織を動かす。EUが国家として機能する枠組みがようやく整備された。この段階では統合の深化とはいえないかもしれない。依然として，政府間調整に終始しているのかもしれない。それでも，EUの代表者としてEU大統領が世界の舞台で演じることができよう[7]。

なお，EU新体制の枠組みについては図表8-1を参照されたい。

**図表8-1　欧州連合（EU）新体制の枠組み**

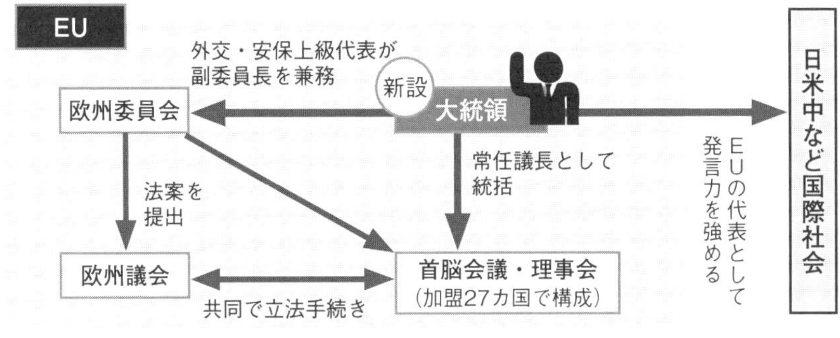

```
EU

  欧州委員会  ←―外交・安保上級代表が副委員長を兼務―→  大統領（新設）  ←――→  日米中など国際社会
       │                                                    │              （EUの代表として発言力を強める）
   法案を提出                                          常任議長として統括
       ↓                                                    ↓
   欧州議会  ←―――共同で立法手続き―――→  首脳会議・理事会（加盟27カ国で構成）
```

出所）『日本経済新聞』2009年10月4日。

EU加盟国を27国からさらに拡大することも可能となった。早速，公式候補国としてクロアチア，マケドニア，トルコの3カ国が，また，非公式候補国としてはアイスランド，モンテネグロ，アルバニア，セルビア，ボスニア・ヘルツェゴビナの5カ国がEU加盟を目指して動き出した[8]。世界金融動乱に直撃された欧州に希望の灯りが久しぶりに差し込んだ。候補国のEU加盟が実現すれば，EUは6億人のマンモス市場となる。

　無論，欧州の未来が薔薇色に輝くとは断言できない。足元でも主導権争いが続く。米国のブッシュ前政権がイラク戦争開戦を宣言した際，ドイツやフランスはロシアとともに戦争反対を声高に叫んだ。参戦を拒否した欧州諸国に対して当時のホワイトハウスは古い欧州と揶揄した。他方，中・東欧諸国はイラク派兵を決定し，戦場に兵士を送り込んだ。ホワイトハウスは中・東欧諸国を新しい欧州であると絶賛した。

　イラク派兵の恩義に報いるべく，ブッシュ政権はポーランドとチェコにミサイル防衛（MD）システムを配備することを取り決めた（**図表1-13**）。ポーランドやチェコはMDシステム配備を自国のロシア防衛策と認識していた節がある。それでも，米国と中・東欧地域の蜜月関係が際立った。欧州を分断した国家はロシアではなく米国であった。欧州の主役として中・東欧が躍り出た。中・東欧・バルト諸国は米国を後ろ盾としてウクライナやグルジアの北大西洋条約機構（NATO）加盟を主張した[9]。

　ところが，リーマン・ショックが欧州を襲撃する。経済的に脆弱な体質を抱えた中・東欧諸国は未曾有の混乱に巻き込まれる。EUや国際通貨基金（IMF）による金融支援のおかげで難局を乗り切った。中・東欧諸国は西欧先進国の支援がなければ経済的自立が困難であることを思い知った。欧州の主導権は再び，西欧地域に移行した。その渦中，オバマ米大統領がMDシステムの配備中止を決定する。オバマ大統領はイランの核問題解決にはロシアの協力が不可欠と判断し，障壁となっていたMDシステムのポーランド・チェコ配備を断念した。

そもそもMDシステム配備はイランの攻撃から米国本土を防衛することが主目的である。ポーランドやチェコを防衛するためではない。ロシアの脅威は否定できないが，エネルギー資源の分野でロシアがパートナーであることも厳然とした事実である。外交問題はまったく解決されていないが，少なくともワシントンが欧州を分断する政治地図は解消された。

　欧州全体が世界の模範となるには経済再建が最優先事項となる。欧州で利害が錯綜しているが，世界金融危機からまずは脱却し，経済の健全化を図ることが先決である。そのために解決すべき経済課題はあまりにも多い。

## 2. なぜ，ユーロ高が続いたのか

　リーマン・ショックやドバイ・ショックの衝撃度が最も大きかった地域は欧州である。アジアに比べると，景気回復の時期が遅かった。EUの欧州委員会が景気底入れを確信したのが2009年9月半ば。2009年下半期の経済成長率見通しをユーロ圏16カ国で対前期比0.1-0.2％のプラス成長に転じると報告した[10]。事実上の景気底入れ宣言である。2009年通年の予測ではユーロ圏16カ国でマイナス4％成長，EU27カ国でも同じくマイナス4

### 図表8-2　欧州委員会による各国の実質経済成長率予測

前期・前年比％、▲はマイナス。年間のカッコ内は2009年5月の予測値

|  | 1～3月期※ | 4～6月期※ | 7～9月期 | 10～12月期 | 2009年年間 |
|---|---|---|---|---|---|
| ユーロ圏16カ国 | ▲2.5 | ▲0.1 | 0.2 | 0.1 | ▲4.0　(▲4.0) |
| 　ドイツ | ▲3.5 | 0.3 | 0.7 | 0.1 | ▲5.1　(▲5.4) |
| 　フランス | ▲1.3 | 0.3 | 0.4 | 0.3 | ▲2.1　(▲3.0) |
| 　イタリア | ▲2.7 | ▲0.5 | 0.2 | 0.1 | ▲5.0　(▲4.4) |
| EU27カ国 | ▲2.4 | ▲0.2 | 0.2 | 0.1 | ▲4.0　(▲4.0) |
| 　英国 | ▲2.4 | ▲0.7 | 0.2 | 0.5 | ▲4.3　(▲3.8) |

(注)　※は2009年9月2日発表の実績値
出所）『日本経済新聞』2009年9月15日。

％としている(図表8-2)。

英国やスペインの景気回復基調は芳しくない。公式統計は英国経済が戦後最長の景気後退であることを突きつけている。その一方で,欧州経済全体を牽引するドイツとフランスの景気が上向いてきている。自動車の買い替え促進策が奏功した結果である。米国のモルガン・スタンレーは2009年第3四半期におけるユーロ圏の経済成長率が0.9％であるとしている[11]。欧州地域ではユーロ圏が一足早く景気後退から脱出したということであろうか。

実際,2009年10月15日に発表された同年9月の欧州新車販売台数(乗用車,主要18カ国)は132万8,700台で,対前年同月比9.6％増と好調であった[12]。各国政府による補助金効果が発揮されたといえる。仏ルノー,伊フィアット,米フォード・モーター,独フォルクスワーゲン(VW),独オペル,日産自動車といったメーカーが健闘している。ただし,2009年1－9月の実績では1,031万台と,対前年同期比4.8％減であることを付言しておきたい。

政府補助制度が下支えした副作用は当然ある。EU欧州委員会は2009年10月7日,ドイツ,イタリア,オランダ,ベルギー,オーストリア,チェコ,スロバキア,スロベニア,ポルトガルの9カ国に安定・成長協定(財政協定)違反を通告している[13](図表8-3)。財政規律の確保とユーロ信認維持を目的として,EUでは単年度の財政赤字を対国内総生産(GDP)比で3％以内,政府債務残高についても同様に対GDP比60％以内と定め

### 図表8-3 欧州連合(EU)主要国の財政赤字

|       | ドイツ | オーストリア | イタリア | ベルギー | フランス | スペイン | 英国 |
|-------|------|-----------|--------|---------|---------|---------|------|
| 2009年 | 3.9  | 4.2       | 4.5    | 4.5     | 6.6     | 8.6     | 11.5 |
| 2010年 | 5.9  | 5.3       | 4.8    | 6.1     | 7.0     | 9.8     | 13.8 |

(注) 対GDP比の予測値,単位％,太字は今回,協定違反の通告を受けた加盟国。
出所)『日本経済新聞』2009年10月8日。

**図表8-4** 欧州連合（EU）27カ国の政府債務残高の国内総生産（GDP）に対する比率

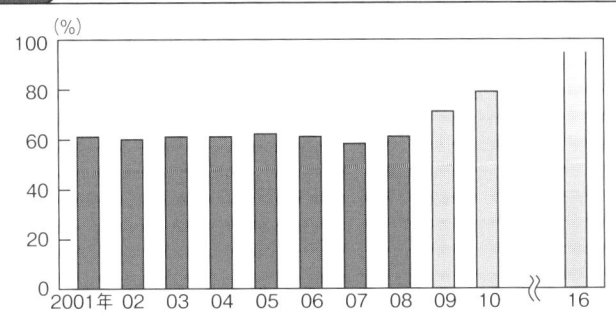

(注) 2001～08年は実績。09,10年は欧州委員会の予測。
出所）『日本経済新聞』2009年10月9日。

られている。2008年には英国やフランスといった11カ国が違反を通告されていることから，この財政協定を違反するEU加盟国は合計20カ国に達した。異例の事態である。EU27カ国の財政赤字は対GDP比で2009年の6％から2010年には同7％に拡大する見通しである（**図表8-4**）。財政再建は2011年以降の課題となる。

しかも，EU27カ国ベースで政府債務残高が2009年で70％を超えるという。財政健全化が要請されるゆえんである。そこで，EU27カ国は経済が本格回復するであろう2011年以降に財政赤字を対GDP比で0.5％以上削減する目標を掲げている[14]。そのためには経済成長による自然税収増加だけに頼るのではなく，思い切った歳出削減策を打ち出す必要がある。また，増税も視野に入ってくるであろう。2010年までは景気対策を継続する方針であるが，その後，財政再建へと移行できるかどうかが問題となる。

共通通貨ユーロを導入する国家群は自国で独自の金融政策を行使できない。欧州中央銀行（ECB）の決定に金融政策が委ねられている。そのECB理事会が政策金利を1.0％で据え置くことを決定した。ポンドを使用する英国のイングランド銀行も政策金利を0.5％で据え置いている。過去最低の水準である。ドイツやフランスの成長率が2009年第2四半期にプラ

**図表8-5 ユーロ圏の失業率**

出所）『日本経済新聞』2009年9月4日。

ス転換したが、金利水準を据え置くことで景気刺激策を継続する姿勢をECBが鮮明にした。

ユーロ圏16カ国の2009年第2四半期における経済成長率は各国政府による財政出動でマイナス0.1％にまで回復してきた。また、2010年にはプラス成長に転換する見通しとなった。2009年6月にはマイナス0.3％というECB予測であったから、かなりの上方修正である。アジアを中心とする外需が旺盛であったことが寄与している。しかしそれでも、2009年7月の失業率は9.5％に達する（**図表8-5**）。

ドイツでは連邦議会（下院）選挙で現職のメルケル首相が率いる保守政党のキリスト教民主・社会同盟（CDU・CSU）が第1党となり、中道系の自由民主党（FDP）との保守中道連立政権が発足した。ドイツで保守中道政権が発足するのは11年ぶりである。メルケル新政権の公約は所得税と相続税の減税である。消費者の可処分所得を増やす減税は必要な政策であるが、2011年以降に実施される財政再建策とどのように整合するのか、また、硬直的とされる雇用制度をどのように改革するのかが政策の核心となる。少なくとも、付加価値税率の引き上げはやむを得ないであろう[15]。財政赤字の懸念が高まればドイツ国債に対する信認が低下する。

FDPが所得税減税の規模を4年間で350億ユーロと主張する一方、CDU

側は150億ユーロの減税規模を唱えている。この差をいかにして調整するのか。新連立政権の公約実現には406億ユーロの財政確保が必要であるとする試算もある[16]。結局，減税規模は双方の中間，すなわち240億ユーロ（3兆3,000億円）となった[17]。ただし，合意した政策には財源が盛り込まれていない。他方，金融機関の救済に血税を投入した結果，2010年の財政赤字は860億ユーロ（1,260億ドル）まで膨らみ，戦後最高赤字幅の2倍に記録が更新される。まさに八方塞り，課題山積である。中・東欧，バルト3国といった欧州の小国は良い意味でも悪い意味でも少なからずドイツ経済に影響される。ドイツ経済の本格的立ち直りが欧州経済の行方を左右する。

　景気底入れが宣言されたものの，EU加盟各国はそれぞれ困難な経済課題を抱える。また，ユーロ16カ国の総人口は3億2,900万人で，米国の人口よりも多い。人口規模が巨大であるにもかかわらず，財政政策や規制は国によってそのアプローチが異なる。経済・金融危機の処理手法も違う。各国間で調整されているとは言い難い。もって次の改革実行のリトマス試験紙は金融機関に対する規制（自己資本規制の強化策など）をユーロ圏，ひいてはEU全体で打ち出せるのかということに行き着く。その前に欧州の金融機関は資本増強と資産売却を加速して，公的資金を返済するという喫緊の課題を抱えている[18]。

　では，欧州経済の近未来が明るいと診断できるのか。確かに，ドイツとフランスの経済成長率は2009年第2四半期に0.3％とプラス転換した。この経済実績だけでそれを断言するには時期尚早であろう。財政出動が息切れすれば，たちどころに元の木阿弥となるであろう。それでも，ユーロ高が続いている（図表8-6）。文字どおり，独歩高の様相を呈している。ユーロ圏経済は回復基調にあるが，ユーロ採用国がそれぞれ，ユーロ高と向き合っていかなければならない。ユーロを採用しない欧州諸国にとっては，為替相場の悪戯でユーロ圏からの輸入が割高となる。また，ユーロ圏の輸

**図表8-6** 日本円とユーロの対米ドル相場

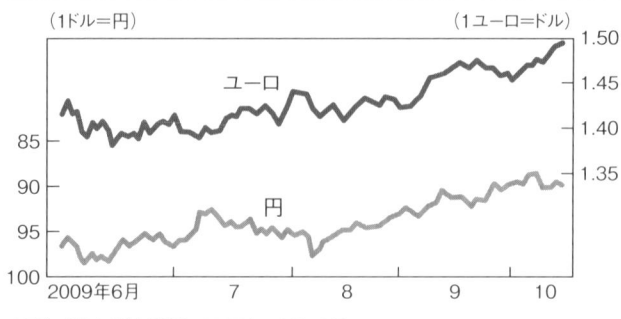

出所）『日本経済新聞』2009年10月16日。

**図表8-7** フィンランドとユーロ圏の実質国内総生産（GDP）成長率動向

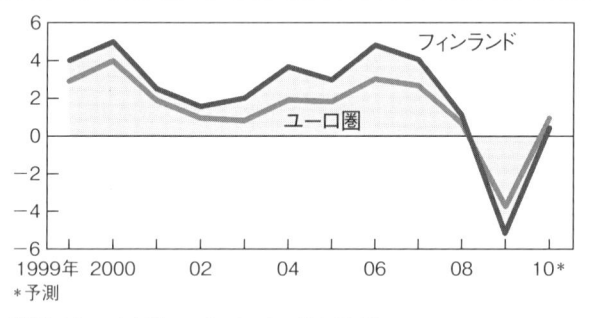

出所）*Financial Times*, September 24, 2009.

出関連企業にとってはユーロ圏内の貿易であれば為替リスクはないが、非ユーロ圏への輸出の場合、財務業績の重石となる[19]。

　なぜ、ユーロ高が続いたのか。米当局が超低金利政策を貫徹しているからなのか。ユーロの金利が米ドルよりも高い結果、ユーロ高が続くのか。IMFの準備金は米ドル60％、ユーロ31％、ポンドと日本円で残余を占めるとされる[20]。また、世界の外貨準備に占めるユーロの比率は過去最高の27.5％とされる。米ドルに対する信認低下が結果として、相対的にユーロ高と円高を演出しているに過ぎないのではないか。

　北欧の一角を占めるフィンランドでも、ご他聞に漏れず、経済が大打撃

を被った。携帯電話機最大手のノキアはフィンランド企業である。そのノキアが2009年7-9月期の最終損益が5億5,900万ユーロ（740億円）の赤字であったことを公表した[21]。前年同期では10億8,700万ユーロの黒字であった。四半期ベースの最終赤字は1996年以来初めてだという。フィンランドを代表する企業でさえもこの有様。後は押して知るべし。

　それでも，フィンランド市民が将来を絶望視しているわけではない。旧ソ連邦崩壊直後の90年代初頭，旧ソ連邦との貿易が大混乱に陥ったことでフィンランド経済は奈落の底に突き落とされた。フィンランド国民はそのときの地獄絵巻を今もって忘れていない。当時と比べれば，現在の危機は克服可能であると開き直っているようである。ユーロを導入したことで為替リスクを回避できることが救われているのかもしれない。それだけにユーロは重要な存在として国民生活に浸透した。2010年の成長率は2009年9月予測で0.5％と同年6月予測のゼロ成長から上方修正されている。図表8-7から明らかなように，フィンランド経済もユーロ圏経済と同様にV字回復する見通しである。

　ユーロが高いのは欧州経済が好調であるからではない。単に米ドル離れが米ドル安を加速しているからに他ならない。新興国・資源国が対米ドルでの自国通貨高を嫌い，米ドル買い・自国通貨売り介入を活発化させた。この米ドル資産の一部をユーロに分散投資しているという。アジアや中東産油国の中央銀行がユーロ買い・米ドル売り注文しているという解説もある。中国当局は米ドル買い・人民元売り介入に踏み切っている模様である。市場には人民元が溢れ，バブルを醸成させる原因となっている。買った米ドルをユーロに変換していても不思議でない。また，ヘッジファンドがユーロ高を仕掛けていることも否定できないであろう。

　ユーロ高はユーロ圏企業の輸出競争力を削ぐ。ユーロ高差益で輸入品は割安となるが，ユーロ圏企業が打撃を被る。ユーロ高や円高は一過性の現象ではないであろう。グローバル規模の調整過程におけるグローバル経済

**図表8-8** 研究開発（R&D）投資の国内総生産（GDP）比の日欧米比較

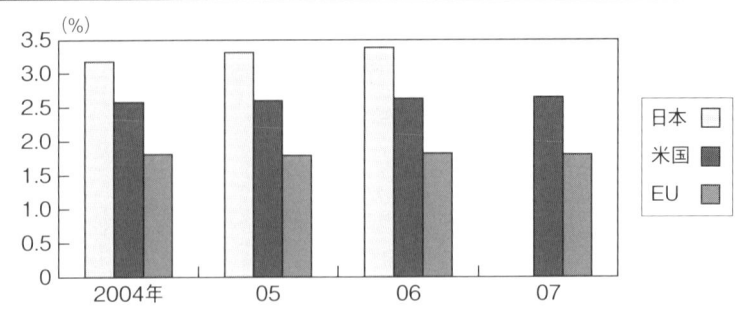

出所）『日本経済新聞』2009年10月16日。

の新局面が始まっている予兆と認識すべきであろう[22]。米ドル没落の端緒と換言できる。日本も欧州も自立の道を模索することが要請される。

図表8-8をみればよくわかるように，EUの研究開発（R&D）投資の対GDP比は日本や米国と比べると，かなり見劣りする。R&Dは持続的経済成長実現の基盤となる。EUのR&Dの対GDP比は2007年で1.8％程度。2010年に期限を迎える経済成長戦略であるリスボン戦略の目標は未達成に終わっている。EUは年率2％の成長を達成する青写真を描けるのか。

EU欧州委員会は2020年までの新たな経済成長戦略の検討に入っている[23]。その柱はIT（情報技術）を駆使した次世代送電網（欧州スーパーグリッド）の構築や運輸部門の脱炭素化，それに欧州デジタル計画（高速インターネットの基盤整備）。環境関連事業の活性化を通じて雇用を創出する戦略なのであろう。これが奏功するか。日欧米はいずれも，環境事業の発展にその将来がかかっている。その成否は少なからず開発途上国に影響を及ぼす。

## 3. 金融の火薬庫はどこか

図表8-9の欧州経済天気図をみると，バルト3国からバルカン半島に至

## 図表8-9　欧州経済天気図

第8章　出遅れた欧州経済の回復は持続可能な成長に転じるか

凡例
GDP成長率（対前期比％）／失業率（％）
2009第1四半期→
2009第2四半期→
☀ 好景気・失業率低下
⛅ 見通し明るい曇り
☁ 見通し暗い曇り
🌦 条件次第で経済悪化
🌧 雨模様続く
⛈ 深刻な不景気

アイスランド　-3.6／7.0／n.a.／—

ノルウェー　-0.4／3.1／-0.9／—

スウェーデン　-0.9／9.0／—／0

フィンランド　-2.7／8.5／—／n.a.

エストニア　-6.1／17.0／-3.7／—

ラトビア　-11.0／17.2／-1.6／—

リトアニア　-10.2／15.8／—／-12.3

ロシア　-9.0／8.3／-0.6／—

アイルランド　-1.5／12.2／—／n.a.

英国　-2.4／7.8／-0.8／—

デンマーク　-1.3／6.2／—／n.a.

オランダ　-2.7／3.3／-0.9／—

ドイツ　-3.5／8.1／0.3／—

ポーランド　0.4／8.2／-0.1*／—

チェコ　-3.4／6.3／0.3／—

スロバキア　-11.0／11.7／2.2／—

ウクライナ　—／9.5／—／—

ベルギー　-1.7／8.1／-0.4／—

フランス　-1.3／9.4／0.3／—

スイス　-0.8／3.9／-3.9／—

オーストリア　-2.7／4.4／-0.4／—

ハンガリー　-2.5／10.3／-2.1／—

ルーマニア　-4.6／6.2／-1.2／—

ブルガリア　—／6.8／—／n.a.

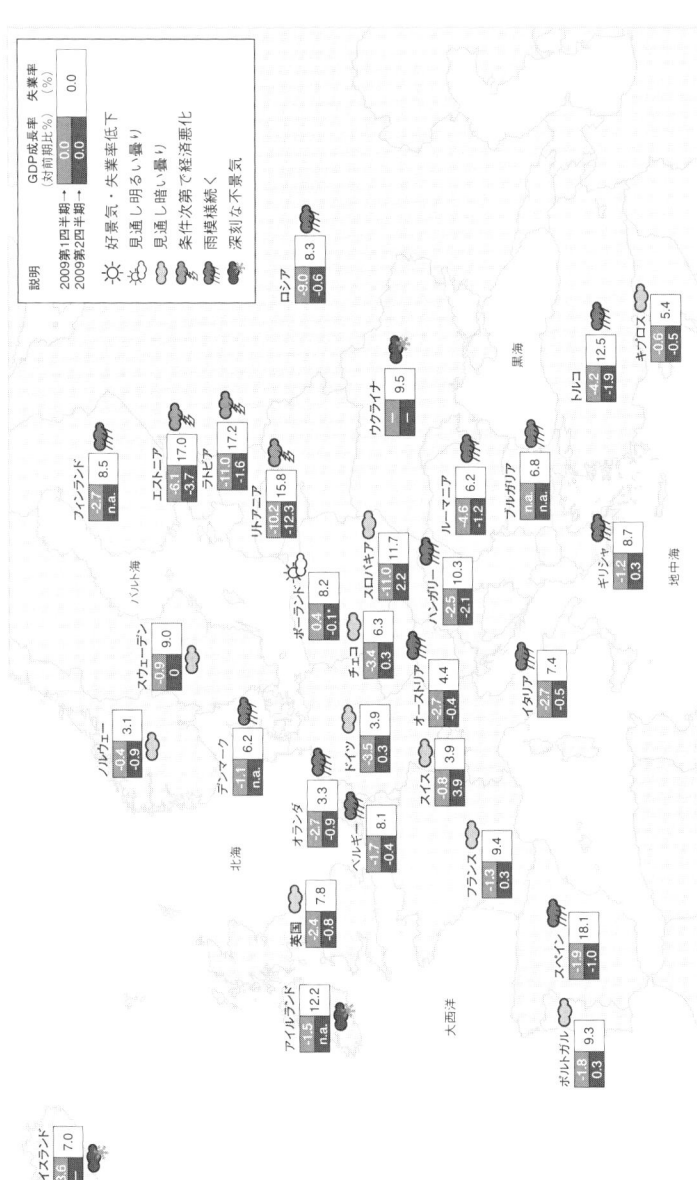

ポルトガル　-1.8／9.3／0.3／—

スペイン　-1.9／18.1／-1.0／—

イタリア　-2.7／7.4／-0.5／—

ギリシャ　-1.2／8.7／0.3／—

トルコ　-4.2／12.5／-1.9／—

キプロス　-0.6／5.4／-0.5／—

大西洋　北海　バルト海　地中海　黒海

出所）*Financial Times*, August 20, 2009.

**図表8-10** 中・東欧，旧ソ連邦地域の実質成長率見通し

|  | 2009年 | 2010年 |
|---|---|---|
| 中欧バルト8カ国 | ▲3.4（▲3.6） | 1.2（1.2） |
| バルカン半島7カ国 | ▲6.2 | 0.7 |
| ウクライナなど旧ソ連圏（ロシア以外）6カ国 | ▲8.7 | 3.1 |
| トルコ | ▲6.0 | 3.0 |
| ロシア | ▲8.5 | 3.1 |
| カザフスタンなど中央アジア6カ国 | 0.8 | 3.6 |
| 地域全体 | ▲6.3（▲6.2） | 2.5（2.4） |

(注) 単位%，▲はマイナス。中欧バルト8カ国にチェコは含まれない。カッコ内はチェコを含めた場合の予測。
出所）『日本経済新聞』2009年10月16日。

るベルト地帯の経済に暗雲が垂れ込めていることは一目瞭然である。次に，**図表8-10**は欧州復興開発銀行（EBRD）が2009年10月15日に公表した当該地域の経済見通しである。地域全体の2009年経済実績はマイナス6.3％と2008年から大幅に悪化すると同時に，**図表8-10**中には数字はないが，バルト3国に関しては2桁のマイナス成長に落ち込むとした。ルーマニアは2010年にプラス転換する見通しであるが，ブルガリアは依然としてマイナス成長を余儀なくされる[24]。

バルト3国の惨状は**図表8-9**からも読み取れる。ラトビアの経済成長率は2009年第1四半期でマイナス18％，同年第2四半期でマイナス19.6％。貿易やサービス部門が足を引っ張ったという。一方，リトアニアの経済実績見通しでも2009年マイナス19.3％（マイナス15.6％から下方修正），2010年マイナス5％と最悪の数字が並ぶ[25]。一体，バルト3国で何が発生しているのか。通貨切り下げ圧力が強まっているラトビアはEU加盟を達成した2004年の翌年，すなわち2005-2007年期，年率10％以上の高度経済成長を享受していた。ユーロ導入も真剣に検討されていた。ところが，2008年に一転，マイナス成長を経験する。2009年もマイナス18％の見通しである[26]。ラトビアも含めて中・東欧諸国の金融部門には外資系金融機関が積極的に参入した。しかし，リーマン・ショック後，外銀が一斉に資金を

引き揚げた。

　IMFとEUが緊急輸血を実施したが，危篤状態から回復できなかった。2008年の対外債務は対GDP比で6割以上，経常赤字も同じく20％まで膨張した。家計の債務も積み増した。過剰消費が主因である。その8割以上が外貨建ての債務であるという。そこで，IMFは2009年7月末に追加輸血に踏み切る。2億ユーロの追加支援を決断した。同時に，EUも12億ユーロの追加支援を決定している。人口230万人の小国にしては相当な規模の金融支援である。

　ラトビア当局は通貨ラトの相場をユーロに固定（ペッグ）している。さらに，ユーロよりもラトの金利を高く設定することで切り下げ圧力をかわしてきた。しかし，ユーロにペッグされていることから，ラトビア独自の金融政策や輸出刺激策は採用できない。ラトを切り下げてしまうと，ラト建て債務返済額が膨れ上がり，企業や家計の破産が急増する。結果，外資系金融機関の経営が行き詰まり，経営破綻のリスクが高まる可能性も浮上する。ただし，通貨切り下げが競争力強化を演出することは指摘するまでもないであろう。

　ラトビアには総額75億ユーロの資金援助が流入している。緊急輸血という効果はあるが，融資の条件は財政引き締めである。緊縮財政が失業者の

**図表8-11　ラトビアのOMXリガ指数の動向**

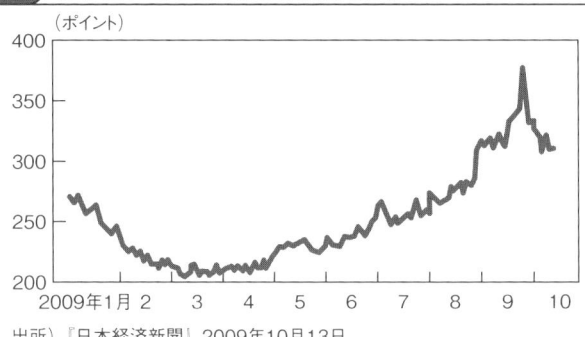

出所）『日本経済新聞』2009年10月13日。

第8章　出遅れた欧州経済の回復は持続可能な成長に転じるか

**図表8-12** ブルガリアの株式相場（SOFIX）

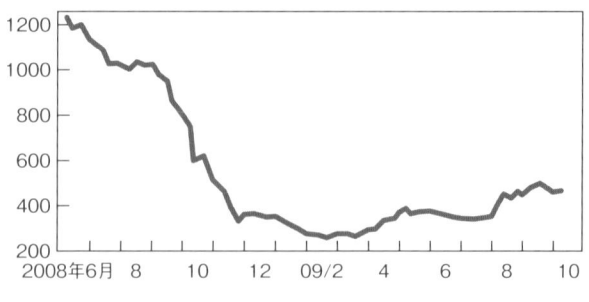

出所）『日本経済新聞』2009年10月20日。

増大を招き，かつ景気回復を遅らせる副作用をもたらす。ラトビア，ブルガリア，ハンガリーの各国政府は年金カットによる財政再建を図ろうとしている。国家に対する信認がないと，国債の発行が困難であるからだ。

通貨切り下げ懸念が払拭されず，ラトビアの株式市場ではOMXリガ指数が急落した（**図表8-11**）。エストニアやリトアニアの株価指数もラトビア株につられて調整局面にある[27]。格付け会社フィッチ・レーティングスは2009年10月6日，ダブルBプラス（見通しはネガティブ）の格付けを再確認している。早期にラトビア経済が急回復する可能性は低い。欧州経済が抱える爆弾の一つであり続けるだろう。

ブルガリア株も戻りが鈍い。最悪期を脱したと診断されるが，景気の先行きに警戒感が漂っているためである。首都ソフィアにあるブルガリア証券取引所のSOFIX指数は2009年春から上昇に転じ，同年9月には500台に乗せたものの，上値が重い展開が続く（**図表8-12**）。リーマン・ショック直前当時の株価と比較すると，半分程度に留まっている。後述するルーマニアの株式指数と雲泥の差がある（ルーマニア株式指数は金融危機前の水準を試す）。2009年1－9月期の企業倒産件数は前年同期比2.4倍増となっている[28]。

ブルガリア当局は自国通貨レバをユーロに固定（ペッグ）し，相場の安

定を優先させた。ブルガリア独自の金融・為替政策を事実上，放棄したことになる。加えて，ユーロ導入を見据えて，財政赤字を垂れ流せない。結果，独自の景気対策を打ち出せない。欧州経済全体が浮揚しないとブルガリア経済が回復しない現状にある。

　欧州の爆弾はラトビアを筆頭とするバルト3国だけでない。EU加盟申請を控えたアイスランドも欧州経済のお荷物と化してしまった。それにしても，人間の評価ほど当てにならないものはない。元々アイスランドは欧州の貧国であった。貧国脱出，富国を図るべく打ち出された国家戦略が金融立国化。それが見事に成功してアイスランドは世界屈指の豊かな国家に変貌した。この快挙に世界中が絶賛の言葉をアイスランドに送った。日本でも，アイスランドを見習え，日本も金融立国化を目指せ，といった論調が目立った。

　ところが，リーマン・ショックを端緒とする世界同時金融危機でアイスランドが苦境に喘いだ。評論家の評価は金融立国化ではなく産業立国化，ものづくり立国化を急げ，という評価に豹変した。開いた口が塞がらない。国家発展にはバランスが必要である。戦略産業を育成すると同時に，中小企業への配慮も忘れてはいけない。金融・証券部門の成熟化も不可欠となる。問題はそのバランスにある。重点産業の育成を急ぐとともに，その周辺部門や裾野部門も同時に育成しなければならない。これは先進国であっても同様である。産業資本立国化の道が妥当なのである。

　アイスランドの首都レイキャビクにはかつて米露冷戦終結の舞台として国際的脚光を浴びた経緯がある。わずか人口32万人の北欧の島国であるが，国民1人当たりGDPは世界で指折りの水準に急上昇し，危機直前には失業率が1％にまで低下していた[29]。文字通り優良国家であった。しかし，金融立国化に成功した国は金融危機に直撃される脆弱な経済体質であった。リーマン・ショックから1カ月も経過しない2008年10月6日，アイスランド政府は国家非常事態（国家倒産危機）を宣言する。投資マネー

**図表8-13** アイスランドの国内総生産（GDP）伸び率とアイスランド・クローナの対ユーロ相場

アイスランドのGDP伸び率
（見通しはアイスランド財務省予想）

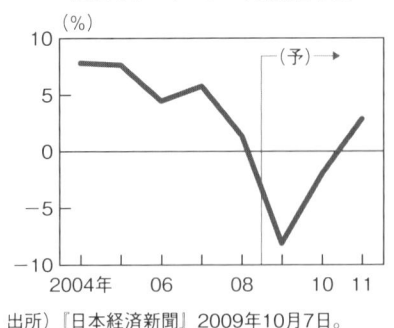

対ユーロでのアイスランド・クローナ相場
（週足）

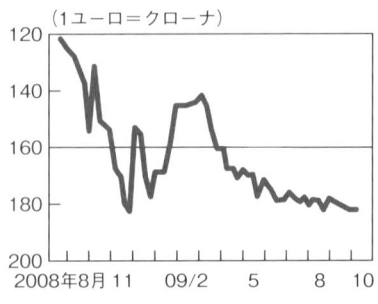

出所）『日本経済新聞』2009年10月7日。

が一気に流出した結末である。非常事態宣言の2日後，アイスランド政府は大手3行を政府の管理下に置く。危機以前，銀行の資産はアイスランドの年間GDPの10倍に膨張していた[30]。これがすべて吹き飛び，哀れな姿を露呈した。

アイスランド政府は迷わず，IMFに支援を要請する。これに応答して2008年11月，IMFが21億ドルを緊急融資した。IMFの金融支援は総額で51億ドルに達する。2009年2月に新政権が発足し，2009年7月にはEU加盟申請に漕ぎ着ける。

しかし，前途は多難。2009年経済成長率はマイナス8.4％（アイルランドと同じ水準），2010年もマイナス1.9％とマイナス成長の泥沼から抜け出せない。2009年半ばの失業率は9％まで上昇した（その後は7.5％に低下）。アイスランド・クローナの下落も歯止めがない。成長率がプラス転換するのは2011年を迎えてからである（**図表8-13**）。IMFの融資条件はやはり緊縮財政であり，財政出動は不可能である。

民間部門が自立的に成長しない限り，アイスランド経済はトンネルに入ったままである。当然，債務は山積。債務問題を払拭できなければ，根本的な解決には至らない。アイスランドで事業展開していた外食産業大手の

マクドナルドが3店舗を閉鎖すると発表した(31)。再出店の計画はないという。マクドナルド社はドイツからアイスランドに輸入していた。ところが，クローナ安ユーロ高で採算が悪化した。輸入コストが2倍に跳ね上がった。これでは撤退せざるを得ない。

ただ，通貨下落で外国人観光客は急増している。2009年8月には対前年同月比12％増を記録した。唯一明るいニュースなのかもしれない。

爆弾はまだある。ルーマニアを代表とするバルカン半島諸国である。金融危機の煽りを受けて，ルーマニアでも家計債務が激増し，輸出が激減した。経済成長率は2009年第1四半期マイナス6.2％，同年第2　半期マイナス8.7％と推移し，悪化している。2009年通年ではマイナス8.8％である(32)。2009年春にはIMFとEUから総額200億ユーロの金融支援を得た。2008年にはルーマニア経済は同国史上最大のGDPを記録した。その頂点から突き落とされたことになる。

人口2,200万人とルーマニアは小国ではない。EU加盟を実現したとはいえ，国民1人当たりGDPはEU平均の15％に過ぎない（因みにポーランドで25％，ハンガリーで35％）。自動車保有者数は人口1,000人当たり167人。ポーランドの351人よりも見劣りする。ドイツの566人とは勝負にならない。犯罪や汚職といった社会的構造問題も一向に解決されていない。ここにメスを入れないと，危機脱出は断言できない。

ただ，ルーマニアの場合，暗いニュースばかりでない。光明が差し込む兆候もある。フランスの自動車大手ルノーが買収したルーマニアの自動車企業ダチア。このダチアは乗用車ロガンを5,000ユーロで販売している。ロガンはいわゆる小型・低価格の戦略ブランドである。2008年のピーク時には1日当たり1,340台を生産していた。2008年の売上高は28億ユーロに達し，ルーマニアGDPの2％を占有した。しかし，その後，危機局面に入ってルーマニア国内需要が60％も激減し，市場が大幅に縮小した。

ところが，すぐにフル生産段階を迎える。ドイツやフランス向けの輸出

が回復したからである。ダチアによる生産の85％が輸出向けであり，輸出が回復すれば収益の改善に直結する。2009年上半期実績ではドイツ向け輸出台数が4万台，フランスのそれが2万5,000台であった。ルーマニア国内販売は2万3,000台である。この勢いが続くかどうかは不透明であるが，小型・低価格車は当面の戦略車となる。

　加えて，米国のフォード・モーターが2009年9月にルーマニアの国営工場を買収して，ルーマニア進出の足場を築いた。外資参入を懇願するルーマニアにとっては朗報である。

　ルーマニアが2009年8月下旬，政策金利を9.0％から8.5％に引き下げた[33]。チェコ当局も0.25％下げて1.25％とした。IMFから200億ユーロの金融支援を受けていたハンガリーも金融緩和の方針に転換する見込みである。ハンガリーの2009年成長率は6.7％のマイナスを余儀なくされるが，2010年にはマイナス0.9％まで回復する見込みである。ユーロ圏の成長率が1-1.5％であれば，2011年には3％のプラス成長を実現できるという[34]。

　ルーマニアでは政策金利が7％まで引き下げられるとの観測も広がっている。中・東欧諸国では通貨防衛から金利を高く設定してきた。金利引き下げに踏み切ったということは通貨暴落懸念の後退を意味する。当該国の中央銀行がある種の自信を表明していることと同義である。

　逆に，政策金利を引き上げた国も登場している。NATO加盟国ではあるが，EUには加盟していない世界有数の石油輸出国であるノルウェーで政策金利が0.25％引き上げられて，年1.5％となった。2010年3月までに2.25％まで引き上げられる可能性もあるという[35]。石油輸出国は国際原油価格が上昇基調に転じると，景気回復が早い。ノルウェーでは景気回復に伴って住宅価格などが一斉に上昇している。インフレ予防が優先され，金融危機対応の金融政策が解除された格好である。利上げに踏み切った先進国は同じく資源国のオーストラリアに引き続いて2番目となる。双方とも財政に余裕があることを物語っている。

# 4 欧州経済は中・東欧に翻弄される

　折しも，2009年11月9日，ベルリンの壁が打ち破られてから20年の歳月が経過した。ベルリンの壁崩壊で欧州市民は一時のユーフォリア（陶酔）に包まれた。しかし，その喜びもつかの間，中・南東欧地域は市場経済への移行で大混乱に陥った。それが収束し，共産主義の負の遺産が払拭されるには10年という長い時間が必要であった。経済的な落ち着きを取り戻したことを受けて，中・南東欧各国はNATOとEUへの加盟を標榜し，またその国家的課題を実現した。そして，空前絶後の自由と繁栄を享受した。中・南東欧諸国はいずれも，各国史上初の所得向上を経験したに違いない。

　ところが，そこへリーマン・ショックが直撃する。バブルは破裂し，各国民は奈落の底に突き落とされた。邪悪な共産主義から解放されたが，市場経済に基づく共同体としては依然として未熟であったこと，腐敗や汚職が今もって蔓延していることが露呈した[36]。この20年間は大欧州世界にとって，まさに激動の時代であった。戦時を除くと，歴史上の記録として後世に伝えられる史実だろう。

　幸い，投資銀行部門（為替や証券など市場取引を柱とする部門）が堅調に推移していることを受けて，欧州大手銀行の収益回復が鮮明な状況となってきている（2009年7−9月期）。スペイン最大手銀行のサンタンデールによる南米事業が安定していることがスペイン市場の停滞さを相殺している。ドイツ銀行はすべての事業部門で黒字を計上するようになったという。フランスのBNPパリバはベルギー政府が国有化した金融大手フォルティスの銀行部門を買収して，市場占有率を拡大できている。スイスではUBSが不良債権処理で巨額損失を計上したものの，クレディ・スイスは投資部門の増益に加えて，資産運用部門も黒字転換を果たしている。英国の

最大手HSBCは大幅に利益を改善したが，バークレイズやロイヤル・バンク・オブ・スコットランド（RBS）は不調が続いている。スイスと英国では金融機関によって明暗が分かれた格好である[37]。

　2009年7－9月期にはユーロ圏経済が1年半ぶりにプラス成長を遂げた。各国政府による景気対策の財政出動と輸出増が寄与している。ドイツ，フランス，イタリアのユーロ圏主要3カ国が牽引した。主要国で景況感が改善したことが周辺の中小国にも徐々に好影響を及ぼしている。チェコ，スロバキア，ポーランドの回復が顕著である[38]。

　とはいえ，欧州経済が本格的に回復するにはまず，バルト3国からバルカン半島に至るベルト地帯が自立する必要がある。同時に，金融立国化を標榜して頓挫したアイスランドやアイルランドが産業資本経済へと大転換を遂げなければならない。地道なものづくりを基盤とする国づくりには時間とコストが伴う。額に汗して働く層を厚くしなければならない。教育と訓練が要請される。ここにも時間とコストが必要である。

　無論，欧州経済はグローバル経済の行方にも左右される。世界金融危機から逸早く立ち直ったアジアの需要が欧州経済を刺激するだろう。また，複雑な国際関係とも深く関係する。米中関係，中露関係など国家関係が欧州経済に投影される。グローバル企業は国際関係を背景に国際事業を展開する。欧州経済の復活は困難であるが，不可能ではない。さまざまな歴史的障害を乗り越えてきた実績がある。克服できるまで新たな努力を続けるしか方策はない。

[注]

（1）『選択』2009年10月，22-23ページ。
（2）『日本経済新聞』2009年10月10日。
（3）*Financial Times,* October 14, 2009.
（4）『日本経済新聞』2009年10月14日。
（5）『日本経済新聞』2009年10月15日。

（６）『日本経済新聞』2009年10月４日。
（７）*Financial Times*, October 9, 2009.
（８）*Financial Times*, October 15, 2009.
（９）『日本経済新聞』2009年10月13日。
（10）『日本経済新聞』2009年９月15日。
（11）*Financial Times*, October 24, 25, 2009.
（12）『日本経済新聞』2009年10月16日。
（13）『日本経済新聞』2009年10月８日。
（14）『日本経済新聞』2009年10月９日。
（15）『日本経済新聞』2009年９月29日。
（16）*Financial Times*, October 8, 2009.
（17）『日本経済新聞』2009年10月25日。
（18）*Financial Times*, September 24, 2009.
（19）*Financial Times*, October 26, 2009.
（20）『日本経済新聞』2009年10月19日。
（21）『日本経済新聞』2009年10月16日。
（22）*Financial Times*, October 14, 2009.
（23）『日本経済新聞』2009年10月16日。
（24）*Financial Times*, October 16, 2009.
（25）『日本経済新聞』2009年８月13日。
（26）『日本経済新聞』2009年８月５日。
（27）『日本経済新聞』2009年10月13日。
（28）『日本経済新聞』2009年10月20日。
（29）『日本経済新聞』2009年10月７日。
（30）*Financial Times*, October 6, 2009.
（31）*Financial Times*, October 27, 2009.
（32）*Financial Times*, September 28, 2009.
（33）『日本経済新聞』2009年８月27日。
（34）『日本経済新聞』2009年10月27日。
（35）「日本経済新聞」2009年10月29日。
（36）*Financial Times*, November 5, 2009.
（37）『日本経済新聞』2009年11月11日。
（38）『日本経済新聞』2009年11月14日。

# 第9章

# 日本が進むべき道とは

# 1. 日本はアジアに埋没してよいのか

「日米同盟を外交の基軸としながらも,東アジアとの共同体構築を模索する」―鳩山由紀夫首相が打ち出した日本外交の構図である。日本がアジアに存在する限り,アジア諸国との関係強化を図るのは当然の外交姿勢であろう。日本,韓国,中国の東アジア3カ国で友愛を旗印とする共同体創設は理想的な姿かもしれない。

事実,日本経済はアジア向けの輸出や投資で支えられている。2009年8月には輸出全体に占めるアジア向け輸出の比率が57.1%を記録した。1979年以降で最高を更新したという[1]。このうち中国向け輸出が19.6%に上る。日本経済が素早く回復できたのは確かにアジア向け輸出増のおかげである。2009年4-6月期の実質国内総生産(GDP)成長率は対前期比年率換算で2.3%のプラス成長となった。5四半期ぶりのプラス転換である。

ある試算によると,アジア向け輸出が日本の実質GDP成長率を3.1%押

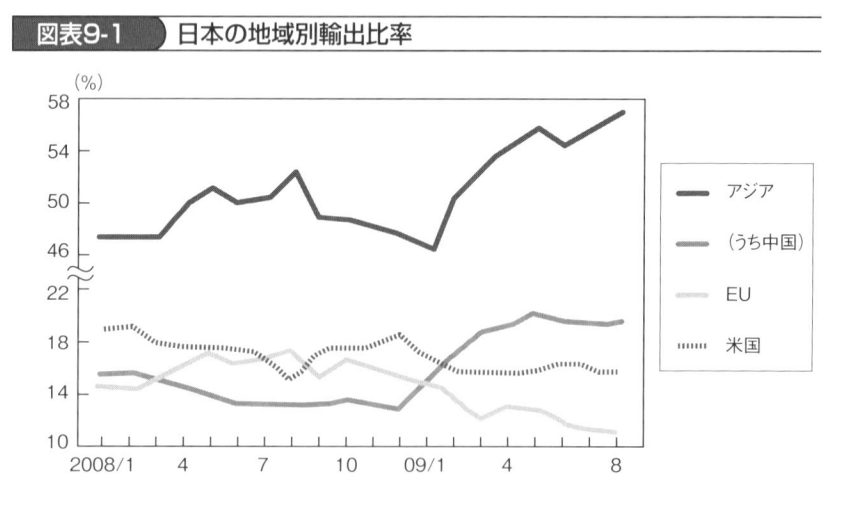

**図表9-1　日本の地域別輸出比率**

出所)『日本経済新聞』2009年10月9日。

し上げたという。中国向け輸出は米国向け輸出の15.8％，欧州連合（EU）向け輸出の11.4％を大幅に上回っている（**図表9-1**）。経済規模の縮小が底を打ったとはいえ，世界金融動乱の痛手から欧米経済が立ち直っていない証左である。

また，アジアに対する外国直接投資（FDI）の収益率が2008年末時点で11.7％に達している。東南アジア諸国連合（ASEAN）では13.1％に及ぶ。欧米向けFDIの2倍程度（米国6.9％，EU5.5％）となっている。アジア向けFDI残高は14兆4,000億円，過去10年間で1.8倍増となった。一方，米国向けFDI残高は1.6倍増の20兆5,000億円に留まっている。

アジアとともに日本経済が繁栄していることは紛れもない事実である。しかしながら，経済分野に限定すれば，アジア地域経済の活性化には自由貿易協定（FTA）を締結するだけで充分事足りる（**図表9-2**）。日韓中3カ国によるFTA締結に向けた産官学の共同研究が始動するという[2]。結構な話である。しかし，2国間FTA締結が進まないにもかかわらず，3カ国の経済協定の道を探るらしい。経済連携協定まで踏み込んだとしても，経済効果は同様である。ASEANも含めて経済の広域連携を強化しても所詮，経済分野に限定される。

日系企業による貿易・投資活動事象をいわば後追いするような考え方で共同体創設を位置づけて良いのか。韓国と中国の両国に対する領土問題を

**図表9-2　日韓中の往復貿易額（2008年）**

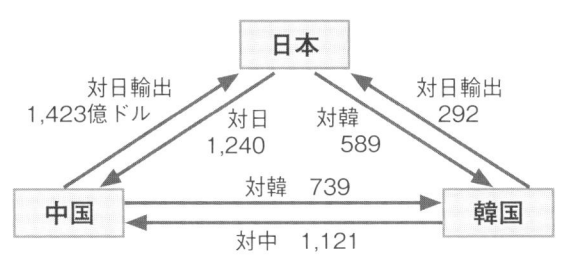

```
                       日本
        対日輸出    ↗       ↖    対日輸出
        1,423億ドル         ↘       292
              対日  対韓
              1,240  589
        中国 ───── 対韓 739 ─────→ 韓国
             ←──── 対中 1,121 ────
```

出所）『日本経済新聞』2009年10月25日。

棚上げにして共同体を創設するのか。共同体が創設されれば，自然に領土問題が解決するという幻想でも抱いているのか。いずれにせよ，東アジア共同体創設は少々短絡に過ぎないだろうか。それが日本の国益に直結するのか。厳密に計算する必要がある。

## 2. 欠落する日本政財界の国際感覚

　そもそも日本の政財界には国際感覚が欠如している。事例を挙げれば枚挙にいとまがないが，核開発問題の渦中にあるイランを取り上げてみよう。日本は2008年統計で原油輸入量の11.9％をイラン産原油に依拠する。サウジアラビア，アラブ首長国連邦（UAE）に次ぐ第3位の原油輸入相手国がイランである。しかも，国際石油開発帝石がイラン南部にあるアザデガン油田の開発権益10％を保有する。同時に，日系企業は家電や自動車をイランに輸出する。人口7,000万人に及ぶイラン消費市場は日系企業にとって魅力的であろう。しかし，国際制裁が強化される中で，イランと経済関係を維持する日本は国際社会からみて奇異な存在ではないのか。

　英国の国際石油資本（メジャー）BPは2009年春までにイランへのガソリン輸出を停止，フランスの石油大手トタルは南パルス天然ガス田の開発交渉を凍結，英蘭系メジャーのロイヤル・ダッチ・シェルも同天然ガス田開発から撤退，スペインの石油大手レプソルは液化天然ガス（LNG）事業から撤退することを決定している。フランスの小売り大手カルフールはイランへの出店計画を取りやめている。スイスのUBSなど欧州の金融機関はイラン向け融資を原則的に停止した。逆に，中国，ロシア，インドといった新興国がイランビジネスに食い込もうとしている。このような状況下でも日系企業はイランとのビジネスを続けるのか。企業個々の意思決定ではあるが，国家戦略を企業戦略よりも優先させることが賢明と思われる。

# 3. 日本がなすべき国家的課題

　日米同盟からアジア重視の外交姿勢に転換する前に，成し遂げなければならない国家的課題が山積する。理想主義に基づくユートピア的な発想は国際関係では通用しない。死ぬか生きるかを競う場が外交であることをまず再認識すべきであろう。その上で，日本は自立自強を国家的目標に据えねばならない。米中協調や米露接近が先行した場合，ワシントンにとって日本が疎ましい存在となる可能性がある。日本国軍だけで祖国を防衛できるのか。ホワイトハウスが中国やロシアとの関係よりも北大西洋条約機構（NATO）との関係を重要視する政策に転換した場合，日本に備えはあるのか。さまざまなシナリオを前提とした国防戦略が要請されよう。ただし，北朝鮮問題では共産党一党独裁国家・中国はともかくも，日本と韓国の両国が結束，軍事交流を通じて対応することは有益と思われる。

　核武装だけが最適な選択肢ではないだろう。しかし，米国の核兵器によって東アジアの勢力均衡が保たれているのは紛れもない現実である。日本政府が唱える非核3原則が虚構，有名無実化していることは子供でも認識している。日本単独で国家防衛が可能か，不可能かを議論の前提としなければならない。通常兵器で敵国と戦える戦力を現代日本は保持するのか。自国防衛体制を完備すれば，国際関係の変化に日本が脅える必要はなくなる。これは日本国の生存権行使でもある。

　次に，エネルギー資源自給体制の構築。周知のように，国際原油価格が騰勢を強めている。ニューヨーク・マーカンタイル取引所（NYMEX）のWTI（ウエスト・テキサス・インターミディエート）原油先物価格が世界原油相場の指針となるが，ドル安・ユーロ高や金融緩和の継続を背景に原油のドル建て割安感が広がっている[3]。東京スポット市場で取引される中東産ドバイ原油価格もアジアの堅調な需要が後押しして高値圏で推移す

**図表9-3** 日本と中国の米国債保有額の推移

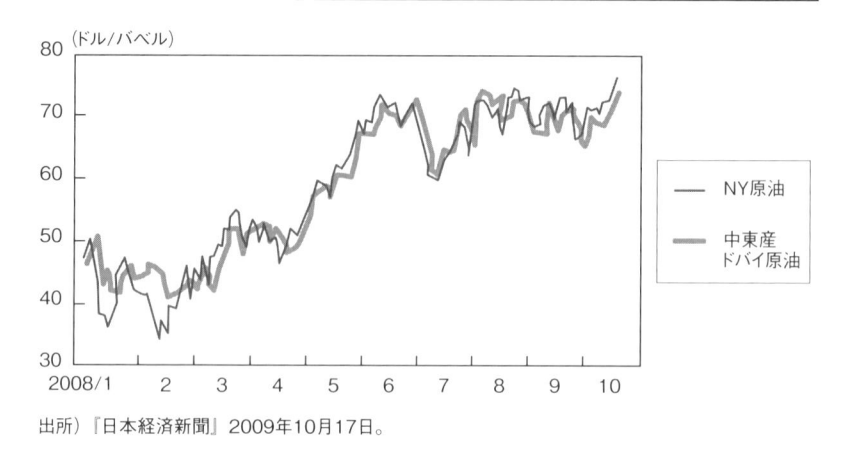

(ドル/バレル)

凡例：NY原油、中東産ドバイ原油

出所）『日本経済新聞』2009年10月17日。

るようになった（figure 9-3）。

　歴史にイフ（もしも）は禁物であるという。しかし，近未来のイフなら許されるであろう。もし仮に中東でイスラエルが核関連施設を標的にイランを攻撃して，イスラエル・イラン戦争が勃発すればいかなる事態が発生するか。もしそのイスラエル・イラン戦争が長期化すればどのような影響を全世界に及ぼすか。想像するだけで恐ろしい。国際原油価格は再び急騰し，1バレル200ドルを突破する事態も想定できる。

　一体，日本はいつまで国際原油価格に翻弄されるのか。ゼロ炭素社会を達成すれば，国際原油価格の動向に一喜一憂する必要はない。石油消費量が減少しているにもかかわらず，国外部環境で高価な原油を輸入しなければならないのはどのように考えても理不尽である。究極的には日本の独自技術で炭素系燃料を不要とする武器・兵器や航空機の開発が不可欠となる。技術革新（イノベーション）の目標となろう。要するに，エネルギー安全保障の問題である。もちろん，食糧安全保障の確立も重要課題である。

　いまさらではあるが，国家，政府の使命は国民の生命と財産を守ることにある。国家防衛，治安維持，エネルギーと食糧の安保確立は当該国政府

の責務である。

　最後に，日本が外国から眺めて素晴らしい国家か否かである。外国人に愛される国家か否かである。少子高齢化の対策は外国人の受け入れ以外に方策はない。外資系企業が日本に投資すれば競争は激化し，消費者の効用が改善される。もちろん，日本経済は活性化する。日系と優秀な外国人が互いに競い合うことが結果として活力ある社会を形成する。外国人の受け入れを躊躇する時間はない。既得権とは体裁の良い言葉であるが，それは単にわがままであるに過ぎない。外国人や外資系企業を恐れているに過ぎない。目的は少子高齢化を克服し，活力あふれる持続可能な経済成長を実現することである。

　外国人や外資系企業を受け入れる体制構築を急がなければならない。教育・訓練制度を整備するだけでなく，たとえば，個人所得税や法人税，それに付加価値税（VAT，消費税）を一律10%にするといった外部からみてわかりやすい，そして積極的に受け入れている姿勢が貫徹される政策が不可欠である。

　東南アジアの小国・シンガポールにはロシア系が多数居住するようになったという。ロシア系がシンガポールをアジアビジネスの拠点と認識しているためである。ロシアにとってシンガポールは2002年段階で40番目の貿易相手国であった。それが今日，30番目の貿易相手国に浮上した。6年前には300人しかいなかったロシア系が今日では5,000人を突破したという。スイスに向ける欧米諸国の眼差しが厳しくなったので，事業拠点をシンガポールに移転したという見方がある。シンガポールが真に自由な国家であるとは必ずしもいえない。強権国家であることも確かである。しかし，少なくともシンガポールは政治経済的に安定している。カントリーリスクが低い[4]。

　日本がシンガポールを見習う必要も模倣する必要もない。しかし，日本独自の対外政策・戦略を打ち出して，外国から魅力ある，そして尊敬され

る国家として脱皮しなければならない。日本がこのまま衰弱していくのか，それとも技術・経済的に世界を覇権していくのか。その国家的方針を明確にした上で，目標へのロードマップを描く必要がある。外交戦略には外部環境に適応することが肝要であるが，内政の延長でもあることを日本政府は肝に銘じる必要があるだろう。

[注]
（1）『日本経済新聞』2009年10月9日。
（2）『日本経済新聞』2009年10月25日。
（3）『日本経済新聞』2009年10月17日。
（4）*Financial Times*, October 22, 2009.

## 【執筆者紹介】〈執筆順〉

### 中津　孝司（なかつ・こうじ）〈編者〉

　1961年　大阪府生まれ
　現　　在　大阪商業大学総合経営学部教授，経済学博士（大阪学院大学）
　主要著書　『欧州新時代』（編著）晃洋書房，2010年
　　　　　　『日本のエネルギー戦略』創成社，2009年
　　　　　　『クレムリンのエネルギー資源戦略』同文舘出版，2005年，他多数

### 梅津　和郎（うめづ・かずろう）

　1929年　島根県生まれ
　現　　在　大阪外国語大学名誉教授，未来戦略研究所代表，経済学博士
　　　　　　（京都大学）
　主要著書　『北東アジアの危機と新成長戦略』（編著）晃洋書房，2007年
　　　　　　『大欧州世界を読む』創成社，2006年
　　　　　　『ロシア東欧産業新地図』（共著）創成社，2004年，他多数

### 富山　栄子（とみやま・えいこ）

　1963年　新潟県生まれ
　現　　在　事業創造大学院大学准教授，経済学博士（新潟大学）
　主要著書　『東欧の経済とビジネス』（共著）創成社，2007年
　　　　　　『わかりすぎる　グローバル・マーケティング―ロシアとビジネス』
　　　　　　創成社，2005年
　　　　　　『ロシア市場参入戦略』ミネルヴァ書房，2004年

### 佐藤　千景（さとう・ちかげ）

　1968年　福島県生まれ
　現　　在　関西外国語大学国際言語学部准教授
　主要著書　『ユダヤ世界を読む』創成社，2006年
　　　　　　『イラク戦後の中東経済』（共著）同文舘出版，2004年
　　　　　　『エネルギー国際経済』（編著）晃洋書房，2004年

| 平成22年3月30日　初版発行 | （検印省略）略称：米中協調 |

## 米中協調の世界経済

編著者　ⓒ　中　津　孝　司

発行者　　　中　島　治　久

発行所　同 文 舘 出 版 株 式 会 社
東京都千代田区神田神保町1-41　〒101-0051
営業（03）3294-1801　　編集（03）3294-1803
振替 00100-8-42935　http://www.dobunkan.co.jp

Printed in Japan 2010　　製版　ダーツ
印刷・製本　三美印刷

ISBN978-4-495-43971-2